Ergänzungsband

zu

Schmeißer, Handbuch der Erwerbslosenfürsorge

Zweite Auflage.

(Guttentagsche Sammlung Deutscher Reichsgesetze Nr. 165.)

Berlin und Leipzig 1927.

Walter de Gruyter & Co.

vormals G. J. Göschen'sche Verlagshandlung — J. Guttentag, Verlagsbuchhandlung — Georg Reimer — Karl J. Trübner — Veit & Comp.

Inhaltsverzeichnis.

Zu Handbuch S. 27:

Die Reichsverordnung über Erwerbslosenfürsorge vom 16. Februar 1924 (RGBl. I S. 127) ist geändert worden durch das

Gesetz[1]) zur Änderung der Verordnung über Erwerbslosenfürsorge.

Vom 10. Dezember 1926
(RGBl. I S. 493, RABl. Amtl. Teil S. 405).

Der Reichstag hat das folgende Gesetz beschlossen, das mit Zustimmung des Reichsrats hiermit verkündet wird:

Artikel 1.

§ 7 der Verordnung über Erwerbslosenfürsorge vom 16. Februar 1924 (Reichsgesetzbl. I S. 127) wird wie folgt geändert:

1. Abs. 5 Nr. 2 erhält folgende Fassung:

„2a) die Leistungen der Wochenhilfe (§ 195a der Reichsversicherungsordnung) — § 25 dieser Verordnung bleibt unberührt —,

b) die Leistungen der Familienwochenhilfe (§ 205a der Reichsversicherungsordnung),

c) die Leistungen der Wochenfürsorge auf Grund der Verordnung über die Fürsorgepflicht".

---

[1]) Vgl. die Erläuterungen S. 35.

2. Als Abs. 7 wird folgende Vorschrift eingefügt:

„(7) Der Reichsarbeitsminister erläßt mit Zustimmung des Reichsrats Vorschriften, durch die eine gleichmäßige Prüfung der Bedürftigkeit sichergestellt wird und Härten ausgeschlossen werden. Er kann hierbei insbesondere

1. den Kreis der Familienangehörigen, deren Einnahmen bei der Prüfung der Bedürftigkeit des zu Unterstützenden zu berücksichtigen sind, einschränken,
2. den Umfang der Anrechnung abweichend von den Absätzen 1 bis 3 bestimmen."

Artikel 2.

Hinter § 26 der Verordnung über Erwerbslosenfürsorge wird eingefügt:

„III A. Invaliden-, Angestellten- und knappschaftliche Pensionsversicherung Erwerbsloser.

§ 26a.

(1) Die Gemeinde hat aus Mitteln der Erwerbslosenfürsorge für die Invaliden-, Angestellten- und knappschaftliche Pensionsversicherung der Erwerbslosen die Beiträge (Anerkennungsgebühren) zu entrichten, die zur Erhaltung der Anwartschaft notwendig sind.

(2) Der Reichsarbeitsminister bestimmt, inwieweit die Träger der Sozialversicherung bei der Durchführung dieser Vorschrift mitzuwirken haben.

Verwaltungskosten werden ihnen für diese Mitwirkung nicht erstattet."

Berlin, den 10. Dezember 1926.

Der Reichspräsident
von Hindenburg
Der Reichsarbeitsminister
Dr. Brauns

Die Krisenfürsorge für Erwerbslose.

Das Gesetz über eine Krisenfürsorge für Erwerbslose vom 19. November 1926 (RGBl. I S. 489) regelt die politisch wie wirtschaftlich gleich bedeutungsvolle Frage, in welcher Weise für die in der Erwerbslosenfürsorge ausgesteuerten Erwerbslosen gesorgt werden soll.

Aus einer rechtsvergleichenden Darstellung des Internationalen Arbeitsamts „Die Arbeitslosenversicherung" ergibt sich[1]), daß alle Systeme der Arbeitslosenunterstützung mehr oder minder scharf die Zahl der Arbeitslosentage beschränken, für die der Beschäftigungslose im Laufe eines bestimmten Zeitraumes Unterstützung beziehen kann. Das gilt für alle Unterstützungssysteme des In- und Auslandes, sei es, daß sie von den Gewerkschaften eingerichtet sind, sei es, daß es sich um staatliche Maßnahmen handelt. Auch die jetzige deutsche Erwerbslosenfürsorge begrenzt ihre Leistungen zeitlich. Nach § 18 Abs. 1 der VO. (vgl. Handbuch S. 384 ff.) darf die Unterstützung einem Erwerbslosen innerhalb von 12 Monaten höchstens für die Dauer von

---

[1]) Vgl. Dr. O. Weigert, Die Krisenfürsorge, RABl. 1926, nichtamtl. Teil S. 777.

26 Wochen gewährt werden. Diese normale Höchstdauer kann vom Reichsarbeitsminister nach § 18 Abs. 2, in dem durch Artikel 9 der AusfVorschr. vom 2. Mai 1925 (vgl. Handbuch S. 65) begrenzten Umfange auch von der obersten Landesbehörde, für Angehörige von Berufen, die einen besonders ungünstigen Arbeitsmarkt aufweisen, über 26 Wochen hinaus ausgedehnt werden. Von dieser Ermächtigung hat der Reichsarbeitsminister unterm 30. März 1926 (RABl. S. 102, Handbuch S. 388 Anm. 5) Gebrauch gemacht und die Unterstützungsdauer für alle Berufsgruppen auf 39 Wochen verlängert, „bei denen nicht feststeht, daß Arbeitsgelegenheit vorhanden ist". Durch Verfügung vom 9. Juni 1926 (RABl. S. 197) hat er auch für das Baugewerbe mit seinen Hilfsbetrieben und die Baustofferzeugung, die bisher ausgeschlossen worden waren, wegen der dauernd ungünstigen Lage des Baumarktes und durch Anordnung vom 9. Oktober 1926 (RABl. S. 343) für die Arbeitnehmer in der Gärtnerei die Höchstdauer auf 39 Wochen festgesetzt. Von der Verlängerung sind demnach nur noch ausgeschlossen die Land- und Forstwirtschaft und die Hauswirtschaft. Für die ledigen, in Thüringen auch für die verheirateten landwirtschaftlichen Arbeiter und Arbeiterinnen und für die Hausgehilfen ist durch Art. 9 Abs. 2 der AusfVorschr. vom 2. Mai 1925 die Höchstdauer wegen des für diese Berufsgruppen günstigen Arbeitsmarktes auf 13 Wochen beschränkt worden.

Zur Vermeidung unbilliger Härten kann nach § 18 Abs. 3 in jedem Einzelfalle die Unterstützung von der entscheidenden Stelle höchstens um weitere 13 Wochen verlängert werden. Demnach beträgt jetzt, abgesehen von den Arbeitnehmern in der Land- und Forstwirtschaft und in der Hauswirtschaft, die überhaupt zulässige Höchstdauer 52 Wochen. Allerdings kann sie insofern noch erweitert werden, als der Erwerbslose bei Notstandsarbeiten beschäftigt wird. Denn nach § 9 der Bestimmungen über öffentliche Notstandsarbeiten vom 30. April 1925 gilt zwar der Notstandsarbeiter auch weiterhin als Erwerbsloser (vgl. Handbuch S. 236 ff.), aber nach Art. 9 Abs. 4 der Ausf.-Vorschr. vom 2. Mai 1925 wird die Zeit der Tätigkeit bei öffentlichen Notstandsarbeiten nicht auf die Höchstdauer der Unterstützung angerechnet (vgl. Handbuch S. 66). Wegen der Berechnungsart der Unterstützungsdauer, insbesondere in den Fällen, wo der Ablauf der Höchstbezugsfrist gehemmt ist oder die Unterstützung ruht, vgl. das Rdschr. des RAM. IV 15 886/26 vom 28. Dezember 1926, Ziffer IX, X (abgedr. S. 75).

Hat der Erwerbslose für die höchstzulässige Dauer die Unterstützung bezogen, so wird er aus der Erwerbslosenfürsorge ausgeschieden, er ist „ausgesteuert". War er auch weiterhin hilfsbedürftig, so konnte er bisher nur noch durch die Wohlfahrtspflege unterstützt werden; denn sie hat in solchen Fällen nach der Verordnung über die Fürsorgepflicht vom 13. Februar 1924 (RGBl. I S. 100) einzugreifen. Ihre Leistungen waren jedoch nicht überall die gleichen und zum Teil wesentlich niedriger als die bisherige Erwerbslosenunterstützung. Außerdem wurde in der Wohlfahrtspflege die Bedürftigkeit strenger geprüft, so daß nicht alle Ausgesteuerten ihrer Hilfe teilhaftig wurden. Wiederholt ist deshalb im Reichstag und in den Länderparlamenten die Forderung erhoben worden, die Erwerbslosenunterstützung solle bis zur Wiederaufnahme von Arbeit gewährt werden. Der Reichsarbeitsminister hat sich auf den Standpunkt gestellt, daß den Ausgesteuerten am besten damit gedient ist, daß sie in Arbeit vermittelt werden und sei es auch nur in Notstandsarbeit, damit sie auf diese Weise eine neue Anwartschaft auf die Erwerbslosenunterstützung erwerben könnten (vgl. Handbuch S. 241 Abs. 1). Er hat deshalb bereits in seinem Rundschreiben über die Erleichterung öffentlicher Notstandsarbeiten vom 5. Januar 1926 (RABl. S. 4, Handbuch S. 232 Abs. 2) zugelassen, daß „solche ausgesteuerte Erwerbslose, die bis dahin aus der Wohlfahrtspflege unterstützt worden sind, bis zu einem Drittel der Gesamtzahl der beschäftigten Notstandsarbeiter auf die verstärkte Förderung angerechnet werden". Voraussetzung dafür war jedoch, daß aus Mitteln der Wohlfahrtspflege ein Betrag für die Notstandsarbeit zur Verfügung gestellt wurde, welcher der Grundförderung entsprach. Infolge der Fortdauer der starken Wirtschaftskrise hat der Reichsarbeitsminister durch Rundschreiben vom 30. März 1926 (RABl. S. 102) den Verhältnissatz der zu Notstandsarbeiten zuzulassenden Ausgesteuerten auf 50, in besonders zu berücksichtigenden Fällen bis auf 60 v. H. der anrechenbaren Tagewerke heraufgesetzt. Durch das Rundschreiben vom 5. Oktober 1926 (RABl. S. 327) hat er dann auch diese Beschränkung aufgehoben und damit für die Beschäftigung bei Notstandsarbeiten die Ausgesteuerten den Erwerbslosen gleichgestellt. Soweit die Gemeinden von dieser Ermächtigung Gebrauch gemacht haben, konnten die Ausgesteuerten gemäß § 4 der VO. eine neue Anwartschaft auf die Erwerbslosenfürsorge durch eine mindestens dreimonatige Beschäftigung bei Notstandsarbeiten erwerben. Zugleich hat der Reichsarbeitsminister die Arbeitsnachweise nochmals besonders darauf hingewiesen, daß sie sich der langfristigen und der vor der Aussteuerung stehenden Erwerbslosen bei der Vermittlung in Arbeit ganz besonders annehmen sollten.

Soweit die Ausgesteuerten aber weder in Notstandsarbeit noch in regelmäßige Arbeit vermittelt werden konnten, sollte nunmehr wenigstens sichergestellt werden, daß die Ausgesteuerten im ganzen Reiche einheitlich unterstützt wurden. Deshalb sagte der Reichsarbeitsminister in dem Rundschreiben vom 5. Oktober 1926 zu, daß den Bezirksfürsorgeverbänden die Hälfte des durch die Unterstützung der Ausgesteuerten entstehenden Unterstützungsaufwandes aus Reichsmitteln ersetzt werden sollte, welche

a) die Unterstützung der ausgesteuerten Erwerbslosen vorbehaltlich der Berücksichtigung besonderer Umstände nicht geringer bemessen als die bisherige Erwerbslosenunterstützung;
b) die Unterstützten der Kontrolle und der Arbeitsvermittlung durch die öffentlichen Arbeitsnachweise unterstellen und
c) sicherstellen, daß die Entscheidung über die Unterstützung von der Bezirksfürsorgestelle im grundsätzlichen Einvernehmen mit dem Vorsitzenden des öffentlichen Arbeitsnachweises getroffen wird. Die Bezirksfürsorgestellen müssen über die Anträge selbst entscheiden; sie dürfen die Entscheidung insbesondere nicht den Behörden der einzelnen ihnen zugehörigen Gemeinden überlassen.

Diese Regelung bezog sich jedoch nur auf die Erwerbslosen, die nach dem 1. Oktober 1926 ausgesteuert wurden. Sie konnte auf die Dauer nicht befriedigen, zumal sie die Erwerbslosen der Wohlfahrtspflege übergab, was man durch die Einrichtung der Erwerbslosenfürsorge (§ 1 Abs. 1 Satz 1 der VO. und Handbuch S. 307 Anm. 5) gerade hatte vermeiden wollen. Auf der andern Seite hatte die Reichsregierung gegen eine Verlängerung der Unterstützungsdauer „sehr schwerwiegende Bedenken". Dazu kam, daß durch das Fortschreiten der Krise, trotz dem dauernden Wechsel der Erwerbslosen aus der Erwerbslosenfürsorge in die Arbeit und umgekehrt, mit einer immer stärker steigenden Zahl Ausgesteuerter zu rechnen ist, mit einem Massennotstand, mit dem die Wohlfahrtspflege auf die Dauer nicht noch belastet werden konnte. So schuf man nach heftigen, zum großen Teil politisch eingestellten Kämpfen im Reichstage das Gesetz über eine Krisenfürsorge für Erwerbslose vom 19. November 1926. Dadurch wird eine besondere Form der Erwerbslosenfürsorge geschaffen. Die Erwerbslosen werden, ohne daß die gesetzliche Dauer des § 18 der VO. verlängert wird, auch weiterhin aus der Erwerbslosenfürsorge unterstützt, und zwar in derselben Höhe wie bisher und nach den im allgemeinen gleichen Voraussetzungen. Das Gesetz ist am 21. November in Kraft getreten. Seine Geltungsdauer ist auf den 31. März 1927 beschränkt worden, weil man annimmt, daß bis dahin die Arbeitslosenversicherung verabschiedet worden ist. Sollte sich diese Hoffnung nicht erfüllen, so kann die Reichsregierung mit Zustimmung des Reichsrats gemäß § 10 Abs. 2 die Geltungsdauer des Gesetzes verlängern. Nebenbei sei bemerkt, daß nach den Beschlüssen des Reichsrats auch für die Arbeitslosenversicherung eine Krisenfürsorge vorgesehen worden ist, um in besonderen Notzeiten die Versicherung nicht zu überlasten.

Gesetz über eine Krisenfürsorge für Erwerbslose.

Vom 19. November 1926.

(RGBl. I S. 489, RABl. Amtl. Teil S. 381.)

Der Reichstag hat das folgende Gesetz beschlossen, das mit Zustimmung des Reichsrats hiermit verkündet wird:

§ 1. Die Errichtungsgemeinden[1]) der öffentlichen Arbeitsnachweise[2]) sind verpflichtet[3], eine Krisenfürsorge[4]) für Erwerbslose[5]) einzurichten[3]), die[6]) 52 Wochen hindurch Erwerbslosenunterstützung bezogen haben und diese Unterstützung deshalb nicht mehr erhalten können.

Die Krisenfürsorge ist nach Maßgabe[7]) der folgenden Bestimmungen auch solchen Erwerbslosen zu gewähren, die[6]) schon in der Zeit vom 1. April 1926 bis zum Inkrafttreten dieses Gesetzes wegen Ablaufs der gesetzlichen Unterstützungsdauer aus der Erwerbslosenfürsorge ausgeschieden sind. Auch solche[6]) nach dem 1. April 1926 ausgesteuerte Erwerbslose, die seitdem nicht laufend von der öffentlichen Fürsorge unterstützt worden sind, können auf Antrag[8]) in die Krisenfürsorge aufgenommen werden.

Ebenso kann die Krisenfürsorge in besonderen Härtefällen[9]) solchen[6]) ausgesteuerten Erwerbslosen gewährt werden, die infolge besonders[10]) langer Erwerbslosigkeit in ihrem Bezirk oder in ihrem Berufe bereits vor dem 1. April 1926 ausgesteuert sind, wenn dies bis[11]) zum 31. Dezember 1926 beantragt[8]) wird. Das Landesamt für Arbeitsvermittlung bezeichnet die Bezirke und Berufe, in denen diese Voraussetzungen gegeben sind, und den Zeitpunkt, seitdem es der Fall ist.

[1]) Errichtungsgemeinden im Sinne des § 4 Abs. 1 des Arbeitsnachweisgesetzes vom 22. Jul i1922 (RGBl. I S. 657): „Den öffentlichen Arbeitsnachweis errichtet die Gemeinde oder der weitere Gemeindeverband, für deren Bezirk der öffentliche Arbeitsnachweis bestimmt ist (Errichtungsgemeinde)." Bei einem gemeinsamen Arbeitsnachweis hat in gleicher Weise wie bei der Erwerbslosenfürsorge — denn die Krisenfürsorge ist nur eine Sonderform der Erwerbslosenfürsorge — die Verwaltungsgemeinde (§ 6 ANG.) die Krisenfürsorge einzurichten, sie legt den Gemeindeanteil ($^1/_4$ des Gesamtaufwands) auf die einzelnen Errichtungsgemeinden um (§ 38 der VO.). Die Errichtungs-(Verwaltungs-)Gemeinden erhalten durch die „Verpflichtung" die Eigenschaft als Träger der Krisenfürsorge; die öffentlichen Arbeitsnachweise sind die ausführenden Organe. Im einzelnen vgl. Handbuch S. 302 Anm. 1.

[2]) Während bisher die ausgesteuerten Erwerbslosen von der Wohlfahrtspflege, den Wohlfahrtsämtern betreut wurden, werden sie durch die Krisenfürsorge hiervon vollkommen losgelöst und der Obhut der öffentlichen Arbeitsnachweise unterstellt. Mit der Wohlfahrtspflege stehen sie nur noch insofern in Verbindung, als diese wie bisher auch weiterhin auf Antrag in besonderen Notfällen über die Krisenfürsorge hinausgehende Leistungen gewährt (vgl. Handbuch S. 360 Anm. 5).

[3]) Kommt die Errichtungsgemeinde dieser öffentlich-rechtlichen Pflicht nicht nach und richtet sie keine oder keine genügende Krisenfürsorge ein, obwohl ein Bedürfnis dafür besteht, so kann sie nach § 2 der VO. von der Gemeindeaufsichtsbehörde oder der von der obersten Landesbehörde bestimmten Behörde dazu angehalten werden. Denn § 2 der VO. ist durch § 2 des Krisenfürsorgegesetzes ausdrücklich für anwendbar erklärt worden (vgl. Handbuch S. 309 § 2 und Anm. 1a zu § 2 hier).

Daraus ergibt sich aber auch, daß eine Krisenfürsorge nur dann einzurichten ist, wenn ein Bedürfnis dafür besteht, obwohl § 1 des Gesetzes im Gegensatz zu § 1 der VO. diese Einschränkung nicht besonders hervorhebt. Ein Bedürfnis zur Einrichtung der Krisenfürsorge besteht, wenn ausgesteuerte Erwerbslose vorhanden sind, denen Arbeit nicht nachgewiesen werden kann (vgl. Handbuch S. 305 Anm. 3).

[4]) Über die Entwicklungsgeschichte und den Zweck der Krisenfürsorge vgl. die Vorbemerkung zum Gesetz.

[5]) Die Krisenfürsorge kommt nur den in § 1 näher bezeichneten Erwerbslosen zugute, nicht aber, auch in Härtefällen nicht, den Erwerbslosen, die aus bestimmten Gründen, z. B. wegen Arbeitsunfähigkeit, Arbeitsverweigerung, mangelnder Bedürftigkeit aus der Erwerbslosenfürsorge ausgeschieden worden sind. Wegen der Ausländer vgl. Anm. 1c zu § 2.

[6]) § 1 sieht 4 Gruppen von Krisenunterstützungsempfängern vor:

a) Die Unterstützung erhalten nach Abs. 1 Erwerbslose, die 52 Wochen Erwerbslosenunterstützung erhalten haben, d. h. 39 Wochen auf Grund von § 18 Abs. 1, 2 und 13 Wochen als Härtefall nach § 18 Abs. 3 der VO. (vgl. Vorbemerkung), und die deshalb ausgesteuert sind. In diese Gruppe gehören nur die Erwerbslosen, deren Unterstützungshöchstdauer nach dem Inkrafttreten des Krisenfürsorgegesetzes, also vom 21. November 1926 an, abgelaufen ist.

b) Nach Abs. 2 Satz 1 ist die Krisenfürsorge auch solchen Erwerbslosen zu gewähren, die schon in der Zeit vom 1. April 1926 bis zum 20. November 1926 wegen des Ablaufs der gesetzlichen Unterstützungsdauer aus der Erwerbslosenfürsorge ausgeschieden sind. Die Dauer der Unterstützung richtet sich im Gegensatz zu den unter a Genannten je nach der zulässigen Höchstdauer für die einzelne Berufsgruppe. Hierher gehören die Erwerbslosen, die auf Grund des § 18 Abs. 2 und der dazu ergangenen Erlasse vom 30. März, 9. Juni und 9. Oktober

1926 (vgl. die Vorbemerkung) 39 Wochen unterstützt worden sind und auf Grund des § 18 Abs. 3 als Härtefall weitere 13 Wochen Unterstützung erhalten haben, ferner die Erwerbslosen, die, da für sie die Höchstdauer nicht verlängert worden ist, 26 Wochen und 13 Wochen als Härtefall erhalten haben, und endlich die Erwerbslosen, für die auf Grund des § 18 Abs. 2 und des Artikel 9 Abs. 2 der Ausführungsvorschriften vom 2. Mai 1925 (vgl. Handbuch S. 65) die gesetzliche Höchstdauer auf 13 Wochen beschränkt worden ist, wenn sie außerdem als Härtefall weitere 13 Wochen Unterstützung erhalten haben, das sind die ledigen, in Thüringen auch die verheirateten landwirtschaftlichen Arbeiter und Arbeiterinnen und die Hausgehilfen. Die Krisenunterstützung tritt in jedem Falle nur ein, wenn die zulässige gesetzliche Höchstdauer der Unterstützung erschöpft und die weitere Voraussetzung erfüllt ist, daß die Erwerbslosen seit dem Zeitpunkt der Aussteuerung laufend aus der öffentlichen Fürsorge (Wohlfahrtspflege) unterstützt worden sind. Das Erfordernis dieser Voraussetzung ergibt sich durch Umkehrschluß aus den Bedingungen für die Unterstützung der unter c Genannten.

c) Nach § 1 Abs. 2 Satz 2 können auf Antrag auch solche Erwerbslose in die Krisenfürsorge aufgenommen werden, die in der Zeit nach dem 1. April ausgesteuert worden sind, auch wenn sie seitdem nicht laufend von der öffentlichen Fürsorge unterstützt worden sind. Nach dem Rdschr. des RAM. vom 20. November 1926 (RABl. S. 382 Ziffer 1c) sollen unter Buchstabe c nur die Erwerbslosen fallen, die in der Zeit vom 1. April bis 20. November 1926 ausgesteuert worden sind. Die letztere Zeitbestimmung wird man jedoch wegfallen lassen müssen, da sie in § 1 Abs. 2 Satz 2 nicht ausdrücklich erwähnt ist. Nur so wird auch die Möglichkeit geboten, die Erwerbslosen in die Krisenfürsorge aufzunehmen, die nach dem Inkrafttreten des Krisenfürsorgegesetzes mit kürzerer Dauer als 52 Wochen ausgesteuert worden sind, da für sie nur eine geringere Höchstdauer der Erwerbslosenfürsorge zugelassen ist.

Ohne diese Auslegung würden vom 20. November 1926 ab nur die aufgenommen werden können, die gemäß Abs. 1 des § 1 52 Wochen unterstützt worden sind. Es ist aber zweifellos nicht der Wille des Gesetzgebers gewesen, die anderen Gruppen mit geringerer Höchstdauer, wie sie unter Buchstabe b aufgeführt worden sind, von der Krisenfürsorge auszuschließen.

d) Nach § 1 Abs. 3 endlich können in besonderen Härtefällen auch solche ausgesteuerte Erwerbslose in die Krisenfürsorge aufgenommen werden, die infolge besonders langer Erwerbslosigkeit in ihrem Bezirk oder in ihrem Beruf schon vor dem 1. April 1926 ausgesteuert worden sind, jedoch nur, wenn dies bis spätestens zum 31. Dezember 1926 beantragt wird. Diese Bestimmung gilt nur für die Berufe und Bezirke, bei denen das Landesamt für Arbeitsvermittlung feststellt, daß diese Voraussetzungen gegeben sind. Das Landesamt stellt den Zeitpunkt fest, seitdem diese Voraussetzungen vorliegen. Ob die Erwerbslosen seit der Aussteuerung von der öffentlichen Fürsorge unterstützt worden sind, ist für diese Gruppe ohne Bedeutung für die Aufnahme in die Krisenfürsorge.

Wegen der Berechnungsart der Höchstdauer vgl. das Rschr. des RAM. IV Nr. 15886/26 vom 28. Dezember 1926, Ziffer IX, X, abgedr. S. 75.

Die angegebenen vier Gruppen werden nicht gleichmäßig behandelt. Die unter a und b Genannten sind, wenn die Voraussetzungen vorliegen (vgl. dazu §§ 2, 4), ohne weiteres in die Krisenfürsorge aufzunehmen, ohne daß es eines besonderen Antragsverfahrens bedarf und ohne daß eine besondere Wartezeit einzuhalten ist (vgl. aber Anm. 1b zu § 2, ferner § 3).

Den Erwerbslosen der Gruppen c und d dagegen kann die Krisenfürsorge nur auf Antrag und nur nach dem pflichtmäßigen Ermessen der zuständigen Stellen gewährt werden. Für die Erwerbslosen der Gruppe 4 sind darüber hinaus noch die unter d und in Anm. 9 angegebenen Voraussetzungen erforderlich.

[7]) Die Worte „nach Maßgabe der folgenden Bestimmungen" sind durch den 9. Ausschuß des Reichstags eingefügt worden. Sie stellen eine Selbstverständlichkeit dar, die besser in Abs. 1 eingefügt worden wäre. Denn es hat nicht die Absicht bestanden, durch diese Worte lediglich die in Abs. 2 bezeichneten Erwerbslosen nach besonderen „folgenden" Bestimmungen zu behandeln.

[8]) Der Antrag ist beim öffentlichen Arbeitsnachweis zu stellen. Wo eine Arbeitsnachweisstelle nicht besteht, kann er aber auch bei der Gemeindebehörde angebracht werden und ist von ihr an den zuständigen öff. Arbeitsnachweis weiterzuleiten, wenn ihr nicht gemäß § 27 der VO. in Verbindung mit § 2 des Gesetzes die Entscheidungsbefugnis übertragen worden ist. Der Antrag kann schriftlich oder mündlich gestellt werden. Eine besondere Einreichungsfrist besteht bei Gruppe c nicht im Gegensatz zu Gruppe d (vgl. Anm. 11).

[9]) Während nach § 18 Abs. 3 der VO. die Unterstützung „zur Vermeidung unbilliger Härten" weiter gewährt werden kann, erfordert § 1 Abs. 3 hier, daß ein „besonderer Härtefall" vorliegt. Das bedeutet eine Steigerung des Ausdrucks „unbillige Härte". Die Entscheidung ist nach pflichtmäßigem Ermessen zu treffen.

[10]) Entscheidend ist hier der Unterschied zwischen der allgemeinen und der durch die Wirtschaftskrise hervorgerufenen besonderen Lage eines Berufs oder Bezirks. Die Feststellung wird durch das Landesamt getroffen.

[11]) Diese Antragsfrist stellt eine Ausschlußfrist dar. Anträge, die nach dem 31. Dezember 1926 gestellt werden, können nicht, auch bei einem Härtefalle nicht mehr berücksichtigt werden.

§ 2. Für die Krisenfürsorge gelten[1]) die §§ 2, 3, 6, 7, 9 bis 17, 19 bis 32, 38, 41, 43 bis 45 der Verordnung über Erwerbslosenfürsorge vom 16. Februar 1924 (Reichsgesetzbl. I S. 127) nebst den zu ihrer Ausführung[2]) erlassenen Vorschriften.

[1]) Aus den in der Vorbemerkung erwähnten Gründen ist die Krisenfürsorge als eine Sonderform der Erwerbslosenfürsorge eingerichtet worden. Demgemäß gelten für sie auch die Bestimmungen der Verordnung über Erwerbslosenfürsorge vom 16. Februar 1924, soweit sie in § 2 des Gesetzes ausdrücklich als anwendbar erklärt worden sind. Systematisch dargestellt ergibt sich deshalb folgender Aufbau:

a) Organisation.

Durch § 1 des Gesetzes sind als Träger der Krisenfürsorge die Errichtungsgemeinden der öffentlichen Arbeitsnachweise bestimmt worden. Sie haben die Krisenfürsorge einzurichten. Andernfalls können sie gemäß § 2 der VO. dazu angehalten werden (vgl. § 1 Anm. 3). In diesem Falle können die notwendigen Anordnungen für Rechnung der Gemeinde getroffen werden. Auch können bei Weigerung der Gemeinde die erforderlichen Mittel für die Durchführung der Krisenfürsorge in deren Haushaltsplan zwangsweise eingestellt werden (vgl. Handbuch S. 310 Anm. 6).

Die Durchführung der Fürsorge obliegt dem öffentlichen Arbeitsnachweis. Die politischen Gemeinden handeln grundsätzlich nur als Beauftragte der Errichtungsgemeinden, sie sind aber verpflichtet, diese bei der Durchführung der Fürsorge zu unterstützen. Sie können mit der Kontrolle der Krisenunterstützungsempfänger und der Auszahlung der Unterstützung betraut werden. Jedoch kann auch gemäß § 27 Abs. 3 der VO. den Vorständen der Einzelgemeinden, wenn Errichtungsgemeinde ein weiterer Gemeindeverband (Landkreis) ist oder unter den Errichtungsgemeinden eines gemeinsamen Arbeitsnachweises ein weiterer Gemeindeverband oder mehrere weitere Gemeindeverbände sind, im ersten Fall vom Vorstand des Gemeindeverbandes, im zweiten gemeinschaftlich vom Vorsitzenden des öff. Arbeitsnachweises und vom Vorstand des Gemeindeverbandes die Entscheidung über die Unterstützungsgesuche für ihren Bezirk übertragen werden.

Die den Errichtungsgemeinden entstehenden Lasten (vgl.

§ 7 des Gesetzes) sind gemäß § 38 der VO. auf die einzelnen Gemeinden unterzuverteilen, wenn ein öffentlicher Arbeitsnachweis mehrere Errichtungsgemeinden hat oder bei einem weiteren Gemeindeverband errichtet ist. Im einzelnen vgl. Handbuch S. 442ff.

Die Errichtungsgemeinden sind haftbar für die ordnungsmäßige Durchführung der Krisenfürsorge. Deshalb kann der Vorstand der Errichtungsgemeinde, wenn er es zur Wahrung der öffentlichen Interessen für erforderlich hält, gemäß § 28 der VO. dem Vorsitzenden des Arbeitsnachweises insbesondere für die Entscheidungen über Unterstützungsgesuche bindende Weisungen erteilen, z. B. für die Prüfung der Arbeitswilligkeit. Vgl. dazu Handbuch S. 407 § 28. Die Errichtungsgemeinde haftet aber auch dafür, daß die Höchstsätze der Unterstützung nicht überschritten werden, und für andere grobe Verstöße, auch für solche des Vorsitzenden des Arbeitsnachweises. In solchen Fällen kann den Gemeinden die Reichsbeihilfe entzogen werden. Die Krisenfürsorge steht nach § 41 der VO. unter der Aufsicht der obersten Landesbehörde (vgl. § 41 der VO. und Handbuch S. 447).

Gegen Zuwiderhandlungen gegen die Vorschriften des Gesetzes kann der Vorstand der Errichtungsgemeinde gemäß § 44 der VO. Ordnungsstrafen zugunsten der Gemeindekasse bis zur Höhe von 150 RM. festsetzen.

Der Reichsarbeitsminister, die obersten Landesbehörden und die Verwaltungsausschüsse der Arbeitsnachweise können Ausführungsvorschriften erlassen (§ 43 der VO.).

Wegen der Sonderregelung für die Stadt Berlin und den Freistaat Hamburg vgl. § 45 der VO.

b) Verfahren.

Das Verfahren ist dasselbe wie in der Erwerbslosenfürsorge. Über die Aufnahme in die Krisenfürsorge entscheidet der Vorsitzende des öff. Arbeitsnachweises (§ 27 Abs. 1 der VO.). Das muß er auch bei den zu den Gruppen a und b gehörigen Erwerbslosen tun (vgl. Anm. 6 zu § 1). Wenn auch bei ihnen ein besonderes Antragsverfahren nicht vorgeschrieben ist, so entbindet das den Vorsitzenden nicht davon, pflichtmäßig festzustellen, ob die erforderlichen Voraussetzungen für die Aufnahme in die Krisenfürsorge gegeben sind (vgl. Anm. 1c hier und § 4). Gegen seine Entscheidung ist binnen 2 Wochen Einspruch beim Verwaltungsausschusse des Arbeitsnachweises zulässig. Bestätigt er die Entscheidung des Vorsitzenden, dann ist ein weiteres Rechtsmittel nicht mehr statthaft. Die Entscheidung des Verwaltungsausschusses ist in diesem Falle endgültig. Schlägt er dagegen Abänderung vor, so kann der Vorsitzende diesem Vorschlag Folge leisten, sofern nicht eine Weisung des Vorstandes der Gemeinde nach § 28 der VO. entgegensteht. Gibt er dem Vorschlage nicht statt, so muß er die Sache der obersten Landesbehörde oder der von ihr bezeichneten Stelle vorlegen. Diese Entscheidung ist endgültig (vgl. § 29 der VO.).

Hat der Arbeitsnachweis mehrere Errichtungsgemeinden und hat der Vorsitzende den Vorständen der Gemeinden, die nicht Verwaltungsgemeinde sind, die Entscheidungsbefugnis für ihren Bezirk übertragen oder ist das durch die oberste Landesbehörde angeordnet worden (vgl. § 27 Abs. 2 der VO.), so geht der Einspruch gegen die Entscheidung des Vorstandes der einzelnen Errichtungsgemeinde unmittelbar an den Verwaltungsausschuß (vgl. Handbuch S. 413 Anm. 6). Soweit dagegen die Einzelgemeinde eines weiteren Gemeindeverbandes entschieden hat (vgl. die Ausführungen unter a), geht der Einspruch zunächst an den Vorstand des Gemeindeverbandes, der Einspruch auf dessen abändernde Entscheidung an den Verwaltungsausschuß (vgl. Handbuch S. 414 § 30 der VO.).

c) **Voraussetzungen.**

Als besondere Voraussetzung in der Person des Erwerbslosen bestimmt § 1 des Gesetzes, daß Krisenfürsorge erst gewährt werden darf, nachdem der Anspruch auf die Leistungen der Erwerbslosenfürsorge erschöpft ist (vgl. die Vorbemerkung und Anm. 6 zu § 1). Weitere Voraussetzungen entsprechend der

Erwerbslosenfürsorge sind: Arbeitsfähigkeit, Arbeitswilligkeit, unverschuldete Erwerbslosigkeit infolge des Krieges oder der dadurch hervorgerufenen Wirtschaftslage (vgl. § 3, Handbuch S. 311ff.), Bedürftigkeit (§§ 3, 7 der VO., Handbuch S. 321 Anm. 12, S. 347ff.; hier S. 41), deutsche Staatsangehörigkeit; Ausländern kann die Krisenfürsorge nur gewährt werden, wenn ihr Heimatstaat deutschen Erwerbslosen nachweislich eine gleichwertige Fürsorge zubilligt und der Reichsarbeitsminister die Verbürgung der Gegenseitigkeit festgestellt hat (vgl. § 6 der VO. und Art. 3 der AusfVorschr. vom 2. Mai 1925, Handbuch S. 345, 57). Da die Krisenfürsorge wesentlich über den Rahmen der allgemeinen Erwerbslosenfürsorge hinausgeht, muß für die Krisenfürsorge besonders geprüft werden, in welchen Ländern die Gegenseitigkeit verbürgt ist. Bisher hat das der Reichsarbeitsminister nur für die Republik Österreich festgestellt (vgl. RABl. S. 382, Rdschr. vom 20. November 1926 Ziffer 2).

Wie bei der Erwerbslosenfürsorge dürfen auch bei der Krisenfürsorge nur Arbeitnehmer unterstützt werden, die vor ihrer Erwerbslosigkeit in einer kranken-, angestelltenversicherungspflichtigen oder seemännischen Beschäftigung gestanden haben. Die Anwartschaft gemäß § 4 der VO. für die krankenversicherungspflichtigen, Art. 1 der VII. AusfVO. für die angestelltenversicherungspflichtigen Arbeitnehmer und § 1 Abs. 1 der Verordnung über die Fürsorge für erwerbslose Seeleute vom 30. Oktober 1924 für Seeleute (vgl. Handbuch S. 332, 124, 191) ist jedoch bei der Aufnahme in die Krisenfürsorge nicht erneut zu prüfen, da dies bereits bei Aufnahme in die Erwerbslosenfürsorge geschehen ist und die Krisenfürsorge lediglich eine Fortsetzung der Erwerbslosenfürsorge darstellt. § 2 des Gesetzes hat deshalb den § 4 der VO. auch nicht für anwendbar erklärt.

Ebenso gilt § 5 der VO. nicht für die Krisenfürsorge. Auch Jugendliche, die bis zur Höchstdauer in der Erwerbslosenfürsorge unterstützt worden sind, fallen unter die Krisenfürsorge.

Die örtliche Zuständigkeit richtet sich nach § 12 der VO. (vgl. Handbuch S. 364).

d) Leistungen.

Die Leistungen der Krisenfürsorge entsprechen denen der Erwerbslosenfürsorge. Deshalb gelten die Höchstsätze vom 9. November 1926 (abgedruckt hier S. 53) auch für die Krisenunterstützungsempfänger. Da diese in jedem Falle länger als 8 Wochen bereits Erwerbslosenunterstützung erhalten haben, sind den Krisenunterstützungsempfängern die in der Anordnung über die Höchstsätze unter 1c oder 2c angegebenen erhöhten Sätze zu gewähren, soweit es sich um nicht alleinstehende Personen (vgl. hier S. 61 Anm. 4) handelt. Die Unterstützung darf nur für die 6 Wochentage, aber auch für Feiertage, die auf Wochentage fallen, gewährt werden. An Stelle von Barunterstützung kann der Verwaltungsausschuß mit Zustimmung des Vorstandes der zuständigen Errichtungsgemeinde die Gewährung von Sachleistungen anordnen. Die Unterstützung gliedert sich in die Hauptunterstützung und in die Familienzuschläge, die Höhe ist verschieden nach der Ortsklasse, in welche die einzelne politische Gemeinde im Ortsklassenverzeichnis eingereiht ist. Im einzelnen vgl. §§ 10, 11 der VO., Art. 4 der AusfVorschr. vom 2. Mai 1925 (Handbuch S. 358ff., 58).

Eine Wartezeit besteht nicht für die Erwerbslosen, die aus der Erwerbslosenfürsorge oder aus der öffentlichen Fürsorge in die Krisenfürsorge übernommen werden (vgl. § 3 des Ges. und Anm. dazu).

Auch die Vorschriften der §§ 20—26 der VO. über die Versorgung für den Krankheitsfall erklärt § 2 des Ges. für anwendbar (vgl. Handbuch S. 392ff.). Ebenso kommt den Krisenunterstützungsempfängern die Vorschrift des § 26a (Art. 2 des Ges. vom 10. Dezember 1926, abgedr. hier S. 43) über die Erhaltung der Anwartschaft für die Invaliden-, Angestellten- und knappschaftliche Pensionsversicherung zugute.

Denn der Zweck dieser Bestimmung geht dahin, gerade den Erwerbslosen die Anwartschaften zu sichern, bei denen diese durch die lange Dauer der Erwerbslosigkeit gefährdet sind. Wenn auch § 26 a erst nach dem Inkrafttreten des Krisenfürsorgegesetzes geschaffen worden ist, so bestehen gegen seine Einbeziehung in den Rahmen der Krisenfürsorge keine Bedenken, da § 2 dort die §§ 19—32 der VO. insgesamt für anwendbar erklärt.

Dagegen wird die Kurzarbeiterfürsorge im Sinne der Anordnungen vom 20. Februar und 1. Juli 1926 (vgl. Handbuch S. 138 ff.) durch die Krisenfürsorge nicht berührt. Die Kurzarbeiter erhalten ihre Unterstützung wie bisher aus den Mitteln der Erwerbslosenfürsorge. Mittel der Krisenunterstützung dürfen für sie nicht verwandt werden (Rdschr. des RAM. vom 20. November 1926, RABl. S. 382 Ziff. 3).

Die Vorschriften der §§ 13 Abs. 2, 3 der VO., 10 Abs. 2, 3 der Best. über öffentliche Notstandsarbeiten und des Art. 6 der AusfVorschr. vom 2. Mai 1925 über Gewährung von Freifahrt an den Beschäftigungsort, Familienzuschlägen für doppelten Haushalt, Arbeitsausrüstung, Anlernezuschuß des § 32 der VO. über die produktive Erwerbslosenfürsorge gelten ebenso für die Krisenunterstützungsempfänger wie die Vorschriften der §§ 14 und 15 der VO. über die Pflichtarbeit und die Verpflichtung zur Teilnahme an Veranstaltungen, die der beruflichen Fortbildung oder der Allgemeinbildung dienen. Vgl. Handbuch S. 369, 243, 59, 415, 375, 63.

Selbstverständlich muß der Krisenunterstützungsempfänger wie jeder unterstützte Erwerbslose bereit sein, nachgewiesene Arbeit anzunehmen. Er darf sie nur aus bestimmten Gründen (nicht angemessener ortsüblicher Lohn, sittlich bedenkliche Unterkunft, Unmöglichkeit der Versorgung der Familie, Streikbrecherarbeit, vgl. Handbuch S. 369 § 13 der VO.) ablehnen. Sonst wird ihm gemäß § 13 der VO. die Unterstützung entzogen. Auch hier gilt der Grundsatz, daß tariflich entlohnte

Arbeit angenommen werden muß, da der Tariflohn angemessener Lohn ist.

Der Verwaltungsausschuß kann bestimmte Ausschließungsgründe für den Bezug der Krisenunterstützung festsetzen (§ 16 der VO.), z. B. wegen Mißbrauchs der Fürsorge (vgl. dazu Handbuch S. 383 Anm. 4), wegen Nichtbefolgung der Kontrollvorschriften; denn die Krisenunterstützungsempfänger sind wie die Erwerbslosen verpflichtet, sich zur Kontrolle zu melden. Hat der Verwaltungsausschuß bereits solche Ausschließungsvorschriften für die Erwerbslosenfürsorge festgesetzt, dann gelten sie auch für die Krisenfürsorge, soweit sich das mit deren Vorschriften vereinbaren läßt. Gegen die Beschlüsse des Verwaltungsausschusses auf Grund der §§ 10 Abs. 1, 14—16 ist Beschwerde an den Verwaltungsausschuß des Landesamts für Arbeitsvermittlung zulässig (vgl. Handbuch S. 384 § 17).

Die Krisenunterstützung ist nicht pfändbar. Deshalb kann sie auch nicht abgetreten und es kann nicht gegen sie aufgerechnet werden (§ 19 der VO., Handbuch S. 390).

Der § 18 der VO. über die Dauer der Unterstützung gilt nach § 2 des Gesetzes nicht für die Krisenfürsorge. Ihre Dauer ist nur insofern beschränkt, als das Gesetz zunächst nur bis zum 31. März 1927 gilt. Wegen der Berechnungsart der Höchstdauer im Einzelfalle vgl. das Rdschr. des RAM. IV Nr. 15886/26 vom 28. Dezember 1926, Ziffer IX, X, abgedr. S. 75.

Nicht in Betracht kommen die §§ 33—37, 39, 40 der VO. Denn die Mittel für die Krisenfürsorge werden nicht durch Beiträge der Arbeitgeber und Arbeitnehmer aufgebracht, sondern zu 75 v. H. vom Reich, zu 25 v. H. durch die Errichtungsgemeinden getragen (§ 7).

[2]) Wegen der AusfVorschr. zu den einzelnen in § 2 angegebenen Bestimmungen vgl. das Handbuch.

§ 3. Für Erwerbslose, die aus der Erwerbslosenfürsorge oder der öffentlichen Fürsorge in die Krisenfürsorge übernommen werden, besteht keine Wartezeit[1]).

[1]) Im Regierungsentwurf stand in der 1. Zeile hinter „die" das Wort „unmittelbar". Damit wurde zum Ausdruck gebracht, daß nur dann eine Wartezeit nicht bestehen sollte, wenn der Erwerbslose bisher aus der Erwerbslosenfürsorge oder aus der öffentlichen Fürsorge unterstützt worden war und nunmehr im unmittelbaren Anschluß daran in die Krisenfürsorge übernommen wurde. Damit wäre also eine Wartezeit nur für die in § 1 Anm. 6 unter a und b genannten Erwerbslosen ausgeschaltet worden. Der Reichstag hat das Wort „unmittelbar" gestrichen. Deshalb kann dem Reichsarbeitsminister nicht zugestimmt werden, wenn er im Rdschr. vom 20. November 1926 (RABl. S. 382 Ziff. 3) sagt, daß damit nur der Klarstellung gedient sei. Vielmehr hat zweifellos der Reichstag durch die Streichung dieses Wortes die bisher in der Regierungsvorlage vorgesehene Beschränkung dahin mildern wollen, daß auch dann eine Wartezeit nicht besteht, wenn der Erwerbslose nicht unmittelbar aus der Erwerbslosenfürsorge oder der öffentlichen Fürsorge übernommen worden ist. Damit würde also auch für die in § 1 Anm. 6 unter c und d genannten Erwerbslosen die Wartezeit dann wegfallen, wenn sie nicht etwa aus einer inzwischen übernommenen länger als 6 Wochen (§ 9 Abs. 2 Ziff. 2 der VO.) dauernden Arbeit in die Krisenfürsorge gelangen. Eine andere Auslegung würde eine unbillige Härte für die Erwerbslosen darstellen, die bisher nicht aus der öff. Fürsorge unterstützt worden sind, wie es nach den Feststellungen im Reichstag vielfach bei Angestellten infolge zu starrer Auslegung des Begriffs der Bedürftigkeit der Fall gewesen ist.

Daraus ergibt sich, daß eine Wartezeit nur dann einzuhalten ist, wenn der Erwerbslose inzwischen eine Arbeit von mindestens 6 Wochen Dauer (§ 9 Abs. 2 Ziff. 2 der VO.) aufgenommen hat. Derselbe Grundsatz gilt, wenn der Krisenunterstützungsempfänger aus der Krisenfürsorge ausgeschieden ist, eine Arbeit von dieser Dauer erledigt hat und dann wieder in die Fürsorge aufgenommen wird. Hat die Beschäftigung jedoch mindestens 3 Monate gedauert, so hat der Arbeitnehmer dadurch gemäß § 4 der VO. einen neuen Anspruch auf die Erwerbslosenfürsorge erworben, er tritt demnach bei Erwerbslosigkeit nicht in die Krisenfürsorge zurück (vgl. dazu Rdschr. des RAM. vom 28. Dezember 1926, Ziffer X, abgedr. S. 75).

Ist eine Wartezeit einzuhalten, so richtet sich ihre Dauer nach § 9 der VO., sie beträgt grundsätzlich eine Woche, ist aber fast durchweg auf 3 Tage durch die oberste Landesbehörde mit Zustimmung des RAM. abgekürzt worden. In den in § 9 Abs. 2 der VO. ausdrücklich bezeichneten Fällen wird jedoch von einer Wartezeit abgesehen, nämlich wenn Erwerbslose aus einer nichtzuständigen Gemeinde in die unterstützungspflichtige zurückkehren, wenn sie nach einer Beschäftigung von weniger als 6 Wochen oder nach Krankheit von mindestens einer Woche unterstützungsbedürftig werden oder wenn sie vor dem Eintritt der Unterstützungsbedürftigkeit Kurzarbeit geleistet haben. Diese Vorschriften gelten auch für die Krisenfürsorge (vgl. Handbuch S. 357).

§ 4. Die Voraussetzungen der Erwerbslosenfürsorge hinsichtlich[1]) der Arbeitswilligkeit und Arbeitsfähigkeit des Erwerbslosen gelten auch für die Krisenfürsorge.

[1]) Der Reichsarbeitsminister sagt dazu im Rdschr. vom 20. November 1926 (RABl. S. 382): „Die öffentlichen Arbeitsnachweise haben pflichtmäßig zu prüfen, wie sie sich die Gewißheit verschaffen können, daß diese Voraussetzungen gegeben sind. Sie dürfen keinesfalls ohne weiteres unterstellen, daß es der Fall ist. Diese Voraussetzungen müssen vielmehr vor der Aufnahme der Erwerbslosen in die Krisenfürsorge von neuem festgestellt werden, und zwar nicht nur für die Gruppen 1b bis c, die nicht aus der Erwerbslosenfürsorge in die Krisenfürsorge übergehen, sondern auch für die Personen der Gruppe 1a, weil bei dem Umfang und der langen Dauer

der Erwerbslosigkeit naturgemäß ein Bruchteil von Erwerbslosen in der Erwerbslosenfürsorge mitgeführt wird, denen es an Arbeitsfähigkeit oder Arbeitswilligkeit fehlt." Selbstverständlich trifft dasselbe auf die Gruppe d zu. Weiter weist er in Ziff. 7 auf die Gefahren hin, die sich ergeben würden, wenn arbeitsunfähige oder arbeitsunwillige Personen in die Krisenfürsorge aufgenommen würden. „Ein solches Vorgehen muß nicht nur aus finanziellen Gründen unbedingt vermieden werden, sondern auch deshalb, weil es die Arbeitsämter mit Personen belasten würde, die für eine Arbeitsvermittlung nicht in Frage kommen. Damit würde den Arbeitsfähigen und Arbeitswilligen, für die ja die Arbeitsnachweise und die Erwerbslosenfürsorge geschaffen worden sind, der schwerste Abbruch geschehen. Zugleich würde damit die ganze Einrichtung der Erwerbslosenfürsorge diskreditiert werden."

Aus diesem Grunde legt die Reichsregierung ganz besonderen Wert darauf, daß die langfristig Erwerbslosen und die Krisenunterstützungsempfänger bevorzugt und beschleunigt in Arbeit vermittelt werden. Diesem Zwecke dient besonders die Vorschrift des § 5. Sie will die zwischenörtliche und zwischenbezirkliche Vermittlung fördern. Soweit Arbeit auf dem freien Arbeitsmarkt nicht nachgewiesen werden kann, sind nach § 6 die Krisenunterstützungsempfänger „bevorzugt vor anderen Erwerbslosen zu öffentlichen Notstandsarbeiten heranzuziehen". Vgl. § 6 Anm. 2 wegen der Aufbringung der Grundförderung und Handbuch S. 313 Anm. 4, 5 wegen der Begriffe arbeitsfähig und arbeitswillig.

§ 5. Die oberste Landesbehörde[1]) kann anordnen, daß die Anträge der Angehörigen bestimmter Berufsgruppen[2]) auf Krisenunterstützung dem Vorsitzenden des Landesamts für Arbeitsvermittlung oder dem Vorsitzenden bestimmter öffentlicher Arbeitsnachweise vorzulegen sind, die für die

zwischenörtliche[3]) oder zwischenbezirkliche[3]) Vermittlung in Betracht kommen, wenn sie der Auffassung ist, daß Arbeitslose dieser Berufe außerhalb[4]) des Arbeitsnachweisbezirkes in Arbeit vermittelt werden können. In solchen Fällen darf Krisenunterstützung erst zuerkannt werden, wenn die Stelle, der der Antrag vorzulegen war, sich damit einverstanden[5]) erklärt hat.

[1]) Eine Übertragung auf andere Stellen ist nicht zulässig. Wegen der wirtschaftlichen und politischen Bedeutung dieser Anordnungen dürfen sie nur von der obersten Landesbehörde getroffen werden.

[2]) Aus jeder der 4 in § 1 Anm. 6 angegebenen Gruppen der Erwerbslosen. Eine allgemeine Anordnung für alle Berufsgruppen erscheint nicht zulässig.

[3]) Die zwischenörtliche und zwischenbezirkliche Vermittlung gehört zu den hauptsächlichsten Aufgaben der öffentlichen Arbeitsnachweise. Für die Anordnungen des § 5 kommen nur die Arbeitsnachweise in Betracht, die von besonderer Bedeutung für die Vermittlung bestimmter Berufsgruppen (Berg-, Kali-, Textilarbeiter usw.) sind.

[4]) Engstes Zusammenarbeiten dieser Arbeitsnachweise mit dem den Arbeitsmarkt eines größeren Gebietes überschauenden Landesamt für Arbeitsvermittlung ist hier selbstverständliche Pflicht.

[5]) Ohne Zustimmung dieser Stelle darf die Krisenunterstützung nicht bewilligt werden.

§ 6. Erwerbslose, die nach den Bestimmungen dieses Gesetzes unterstützt werden, sind bevorzugt vor anderen Erwerbslosen zu öffentlichen Notstandsarbeiten[1]) heranzuziehen[2]).

[1]) Deshalb ist in § 2 des Ges. der § 32 der VO. über die produktive Erwerbslosenfürsorge ausdrücklich für anwendbar

erklärt worden. Wegen der Bedeutung dieser Vorschrift vgl. Anm. 1 zu § 4. Im übrigen sind maßgebend die Bestimmungen über öff. Notstandsarbeiten vom 30. April 1925, abgedr. und erläutert Handbuch S. 216ff.

[2]) Wie sich aus der Vorbemerkung zum Gesetz ergibt, hatte der RAM. bereits früher zugelassen, daß Ausgesteuerte in zunächst begrenztem, später in unbegrenztem Umfang bei Notstandsarbeiten beschäftigt werden konnten, um ihnen auf diese Weise durch eine mindestens dreimonatige Beschäftigung eine neue Anwartschaft auf die Erwerbslosenfürsorge zu verschaffen. Voraussetzung für die Zulassung der Ausgesteuerten zu den Notstandsarbeiten war jedoch, daß aus den Mitteln der Wohlfahrtspflege ein Betrag für die Notstandsarbeit zur Verfügung gestellt wurde, welcher der Grundförderung entsprach (vgl. Handbuch S. 232 Anm. 5). Nachdem die Finanzierung der Krisenfürsorge in der Weise geregelt worden ist, daß sie von der Wohlfahrtspflege vollkommen losgelöst worden ist, kann auch deren Beisteuerung zu den Notstandsarbeiten nicht mehr verlangt werden. Die Grundförderung für die bei Notstandsarbeiten beschäftigten Krisenunterstützungsempfänger wird deshalb entsprechend dem in § 7 aufgestellten Schlüssel über die Aufbringung der Mittel zu $^3/_4$ vom Reich, zu $^1/_4$ von der Errichtungsgemeinde getragen. Die Förderung aus der Krisenfürsorge kommt jedoch nur für die sog. „anrechenbaren" Notstandsarbeiter in Frage, d. h. die, welche unmittelbar vor der Vermittlung in die Notstandsarbeit mindestens 2 Wochen Erwerbslosen- oder Krisenunterstützung erhalten haben (vgl. § 6 der Best. über öff. Notstandsarbeiten, Handbuch S. 229). Durch die Anordnung der „bevorzugten" Vermittlung in § 6 werden die Best. über öff. Notstandsarbeiten nicht zugunsten der Krisenunterstützungsempfänger geändert.

§ 7. Den Ländern[1])[2]) werden drei Viertel des notwendigen[3]) Aufwandes, der den Gemeinden durch die Krisenfürsorge entsteht, vom Reiche[1]) überwiesen. Die obersten Landesbehörden verteilen diesen Betrag auf die Errichtungsgemeinden[4]) der öffentlichen Arbeitsnachweise im Verhältnis[2]) ihrer Belastung durch die Krisenfürsorge[5])[6]).

Hinsichtlich der Kosten[7]) der öffentlichen Arbeitsnachweise und Landesämter für Arbeitsvermittlung verbleibt es bei der Regelung, die in den §§ 36 und 37 der Verordnung über Erwerbslosenfürsorge getroffen ist.

[1]) Da die aus den Beiträgen der Arbeitgeber und Arbeitnehmer eingehenden Mittel noch auf längere Zeit den Aufwand der Erwerbslosenfürsorge nur zu einem Teile decken werden, im übrigen aber neben dem Gemeindeneuntel Reich und Länder ganz erhebliche Zuschüsse leisten müssen, konnte diese Art der Mittelaufbringung für die Krisenfürsorge nicht in Betracht kommen, wenn man die Wirtschaft nicht in unerträglicher Weise belasten wollte; die Wirtschaftskrise wäre dadurch nur weiter verschärft worden. Die Länder konnten ebenfalls nicht stärker belastet werden, da sie durch die Beteiligung an den Lasten der Erwerbslosenfürsorge bereits an der Grenze ihrer Leistungsfähigkeit angelangt sind. Deshalb wird der Hauptteil der Lasten der Krisenfürsorge in Höhe von $^3/_4$ des notwendigen Aufwandes vom Reich übernommen.

Die Gemeinden, die zur Erwerbslosenfürsorge nur $^1/_9$ aufzubringen haben, sind an der Krisenfürsorge mit $^1/_4$ beteiligt worden, weil durch diese neue Fürsorge die Wohlfahrtspflege der Gemeinden ganz wesentlich entlastet werden wird und zudem durch die stärkere Beteiligung an den Lasten die ordnungsmäßige Durchführung des Gesetzes sichergestellt werden soll. Darauf weist der RAM. in dem Rdschr. vom 20. November 1926 (RABl. S. 382 Ziff. 7) besonders hin, wenn er sagt: „Ich möchte der bestimmten Hoffnung Ausdruck geben, daß die Gemeinden, die nach den Bestimmungen des Arbeitsnachweisgesetzes einen entscheidenden Einfluß auf die Praxis der Arbeitsämter besitzen, sich der Verantwortung bewußt bleiben, die sich aus dieser Lage der Dinge ergibt" (vgl. § 4 Anm. 1).

[2]) Die Mittel, die das Reich aufzubringen hat, werden von der Reichsarbeitsverwaltung den Ländern überwiesen, sie haben sie auf die Errichtungsgemeinden zu verteilen, und zwar „im Verhältnis ihrer Belastung durch die Krisenfürsorge". Nach dem Regierungsentwurf sollten die obersten Landesbehörden sie auf die Errichtungsgemeinden „nach dem Maße ihrer Belastung durch die Krisenfürsorge" verteilen. Sie konnten „dabei auch die Belastung durch die Erwerbslosenfürsorge berücksichtigen". Das Reich überweist also $^3/_4$ des den Errichtungsgemeinden entstehenden notwendigen Aufwandes den Ländern als Gesamtverteilungsmasse. Nach dem Regierungsentwurf hätte bei Verteilung dieser Summe nicht nur die Belastung durch die Krisenfürsorge, sondern auch die durch die Erwerbslosenfürsorge berücksichtigt werden können, so daß das Land den durch die Erwerbslosenfürsorge besonders belasteten Gemeinden einen höheren Anteil an den Reichsmitteln als $^3/_4$ hätte gewähren können zu Lasten anderer weniger stark angespannter Gemeinden. Nach der Fassung des Reichstags sind die Mittel auf die Errichtungsgemeinden lediglich „im Verhältnis ihrer Belastung durch die Krisenfürsorge" zu verteilen. Der Ausdruck ist sehr unklar und es ist nicht ersichtlich, weshalb der Reichstag die eindeutige Fassung des Regierungsentwurfs „nach dem Maße ihrer Belastung durch die Krisenfürsorge" geändert hat. Die Fassung des Reichstags könnte den Eindruck erwecken, als wenn eine unterschiedliche Verteilung der den Ländern überwiesenen Verteilungsmasse nach dem Verhältnis der Belastung der Gemeinden zulässig sein sollte. Nach einer Auskunft des RAM. hat das der Reichstag jedoch nicht beabsichtigt, so daß demnach von dem dem Lande vom Reiche überwiesenen Betrage der Gemeinde $^3/_4$ des entstandenen notwendigen Aufwandes der Krisenfürsorge zu erstatten ist.

[3]) Zum notwendigen Aufwand der Krisenfürsorge gehören:

a) die Unterstützungsaufwendungen (vgl. § 2 Anm. 1d),

b) die Kosten für die Krankenversicherung der Krisenunterstützungsempfänger einschließlich der Aufwendungen zur Erhaltung der Anwartschaft für die Invaliden-, Angestellten- und knappschaftliche Pensionsversicherung (vgl. §§ 20—26a der VO., Gesetz vom 10. Dez. 1926),

c) die Reisekosten, Reise- und Umzugsbeihilfen nach § 13 der VO. und Art. 2 der AusfVorschr. vom 2. Mai 1925 (vgl. Handbuch S. 369ff., 57),

d) die Familienzuschläge für doppelten Haushalt nach § 13 der VO. (vgl. Handbuch S. 374 Anm. 13ff.),

e) die Anlernezuschüsse, Kosten für Arbeitsausrüstung, Aufwendungen für Fortbildungs- und Umschulungsmaßnahmen nach den Art. 6 und 8 der AusfVorschr. (vgl. Handbuch S. 59, 63),

f) die Grundförderung der öffentlichen Notstandsarbeiten, soweit Krisenunterstützungsempfänger dabei beschäftigt werden, ferner die für sie entstehenden Aufwendungen für freie Fahrt, Familienzuschläge bei doppeltem Haushalt, Arbeitsausrüstung nach den §§ 10, 11 der Best. über öff. Notstandsarbeiten, abgedr. Handbuch S. 243, 246.

[4]) Hat ein öffentlicher Arbeitsnachweis mehrere Errichtungsgemeinden (gemeinsamer Arbeitsnachweis) oder ist er bei einem weiteren Gemeindeverband errichtet (Kreisarbeitsnachweis), so sind nach § 38 der VO. die Lasten auf die einzelnen Gemeinden unterzuverteilen. Wenn die obersten Landesbehörden, denen die Regelung der Unterverteilung überlassen worden ist, für die Lasten der Erwerbslosenfürsorge entsprechende Vorschriften aufgestellt haben, so sind sie im allgemeinen auch auf die Unterverteilung der von den Errichtungsgemeinden zu tragenden 25 v. H. der Krisenfürsorge anzuwenden. Da diese Belastung jedoch bei Erlaß der Vorschriften nicht vorauszusehen war und deshalb zu Härten führen kann, bleibt es den obersten Landesbehörden unbenommen, für die

Krisenfürsorge einen besonderen Verteilungsschlüssel aufzustellen. Im einzelnen vgl. Handbuch S. 442ff.

[5]) Den Errichtungsgemeinden können Vorschüsse auf den Reichsanteil gewährt werden. Sie sind bei der obersten Landesbehörde anzufordern. Die Reichsarbeitsverwaltung hat darüber sowie über die endgültige Abrechnung besondere Vordrucke bekanntgegeben. Erforderlich ist, daß die Arbeitsnachweise die Kassen- und Buchführung der Krisenfürsorge vollständig getrennt von der der allgemeinen Erwerbslosenfürsorge durchführen.

[6]) Über die Statistik der Krisenunterstützungsempfänger hat die Reichsarbeitsverwaltung unterm 30. November 1926 besondere Vorschriften erlassen (abgedr. hier S. 73).

[7]) Die Verteilung der Kosten der öffentlichen Arbeitsnachweise und der Landesämter für Arbeitsvermittlung wird durch das Gesetz nicht geändert, d. h. gemäß den §§ 36, 37 der VO. werden $^2/_3$ aus den Beitragsmitteln der Erwerbslosenfürsorge gedeckt, während $^1/_3$ der Kosten der Arbeitsnachweise von den Errichtungsgemeinden, $^1/_3$ der Kosten des Landesamts von der Errichtungskörperschaft gezahlt wird (vgl. Handbuch S. 436).

§ 8. Solange die Krisenfürsorge gewährt wird, darf der Beitragssatz der Arbeitgeber und Arbeitnehmer zur Erwerbslosenfürsorge nur einheitlich für das ganze Reichsgebiet und nicht unter der nach § 34 der Verordnung über Erwerbslosenfürsorge zulässigen Höchstgrenze festgesetzt werden.

[1]) Vgl. dazu Anm. 1 zu § 7. Der Beitragssatz ist am 25. Januar 1926 durch den vom Verwaltungsrat des Reichsamts für Arbeitsvermittlung gebildeten Ausschuß für Erwerbslosenfürsorge einheitlich fürs ganze Reichsgebiet mit Wirkung vom 1. Februar 1926 auf 3 v. H. des Grundlohnes festgesetzt worden (vgl. Handbuch S. 119).

§ 9. Leistungen, die nach diesem Gesetze gewährt werden, sind keine Leistungen der öffentlichen Fürsorge.

[1]) Um die Erwerbslosen nicht der Wohlfahrtspflege anheimfallen zu lassen, ist die Krisenfürsorge geschaffen worden (vgl. Vorbemerkung zum Gesetz und § 1 der VO.). Nach den Vorschriften zu Recht gewährte Krisenunterstützung kann deshalb später nicht zurückgefordert werden, wie das bei der Armenpflege möglich ist.

§ 10. Dieses Gesetz tritt mit dem auf den Tag seiner Verkündung[1]) folgenden Tage in Kraft und gilt bis zum 31. März 1927.

Die Reichsregierung kann mit Zustimmung des Reichsrats die Geltungsdauer dieses Gesetzes verlängern. Sie kann[2]) dabei einzelne Berufe oder Bezirke von der Krisenfürsorge ausnehmen oder die Krisenfürsorge auf einzelne Bezirke oder Berufe beschränken und die Fürsorge zeitlich begrenzen.

Berlin, den 19. November 1926.

Der Reichspräsident.
von Hindenburg.
Für den Reichsarbeitsminister:
Der Reichsminister des Innern.
Dr. Külz.

[1]) Das Gesetz ist am 20. November 1926 in Nr. 62 des Reichsgesetzblattes von 1926 verkündet worden und am 21. November 1926 in Kraft getreten. Mit diesem Tage sind die Rdschr. des RAM. über die Fürsorge für Erwerbslose, welche die Höchstdauer der Erwerbslosenfürsorge überschritten haben, vom 5. und 16. Oktober 1926 (RABl. S. 327, 343) außer

Kraft getreten, soweit sie sich nicht auf die Arbeitsvermittlung und Arbeitsbeschaffung beziehen.

[2]) Nach Abs. 2 kann die Reichsregierung einzelne Berufe oder Bezirke nur dann von der Krisenfürsorge ausnehmen oder diese Fürsorge auf einzelne Bezirke oder Berufe beschränken, wenn sie die Geltungsdauer des Gesetzes über den 31. März 1927 hinaus verlängert. Während der jetzigen Geltungsdauer können Einschränkungen nur im Rahmen des § 1 Abs. 3 und des § 5 durchgeführt werden.

Gesetz zur Regelung der Sozialversicherung und der Erwerbslosenfürsorge der bei Reparationsarbeiten im Ausland beschäftigten Arbeitnehmer.

Vom 24. Dezember 1926 (RGBl. I S. 531).

Der Reichstag hat das folgende Gesetz beschlossen, das mit Zustimmung des Reichsrats hiermit verkündet wird:

Artikel 1.

Der Reichsarbeitsminister wird ermächtigt, die soziale Versicherung und die Erwerbslosenfürsorge für die von deutschen Arbeitgebern bei Reparationsarbeiten im Ausland beschäftigten deutschen Arbeitnehmer abweichend von den allgemeinen Vorschriften zu regeln[1]).

Artikel 2.

Das Gesetz tritt mit dem Tage nach der Verkündung in Kraft[2]). Es tritt mit Ablauf des 31. Dezember 1927 außer Kraft.

Berlin, den 24. Dezember 1926.

Der Reichspräsident
von Hindenburg

Für den Reichsarbeitsminister:
Der Reichsminister für Ernährung und Landwirtschaft
Dr. Haslinde

[1]) Entsprechende Ausführungsvorschriften werden bei Bedarf erlassen werden.

[2]) Das Gesetz ist am 30. Dezember 1926 im Reichsgesetzblatt verkündet worden und deshalb am 31. Dezember 1926 in Kraft getreten.

Gesetz zur Änderung der Verordnung über Erwerbslosenfürsorge.

Vom 10. Dezember 1926 (RGBl. I S. 493, RABl. Amtl. Teil S. 405).

Der Reichstag hat das folgende Gesetz[1]) beschlossen, das mit Zustimmung des Reichsrats hiermit verkündet wird:

[1]) Nach Artikel 71 der Reichsverfassung treten Reichsgesetze, soweit sie nichts anderes bestimmen, mit dem 14. Tage nach Ablauf des Tages in Kraft, an dem das RGBl. in Berlin ausgegeben worden ist. Das ist am 11. Dezember geschehen, demnach ist das Gesetz mit dem 25. Dezember 1926 in Kraft getreten.

Artikel 1.

§ 7 der Verordnung[1]) über Erwerbslosenfürsorge vom 16. Februar 1924 (Reichsgesetzbl. I S. 127) wird wie folgt geändert:

1. Abs. 5 Nr. 2 erhält folgende Fassung:
„2a) die Leistungen der Wochenhilfe[2]) (§ 195a der Reichsversicherungsordnung) — § 25 dieser[3]) Verordnung bleibt unberührt —,
b) die Leistungen der Familienwochenhilfe[4]) (§ 205a der Reichsversicherungsordnung),
c) die Leistungen der Wochenfürsorge[5]) auf Grund der Verordnung über die Fürsorgepflicht,".

[1]) § 7 der VO. regelt die Bedürftigkeitsfrage, er stellt die Grundsätze auf, nach denen zu beurteilen ist, ob und inwieweit eine bedürftige Lage des Erwerbslosen anzunehmen ist, die ihn berechtigt, Erwerbslosenunterstützung zu beziehen. Er bestimmt auch, nach welchen Richtlinien die Einnahmen des Erwerbslosen auf die Unterstützung anzurechnen sind (vgl. dazu Art. 1 Ziff. 2 und Anm.). Aus dem Gebiet der Wochenhilfe und Wochenfürsorge hatte er bisher lediglich in Abs. 5 Ziff. 2 ausdrücklich bestimmt, daß völlig anrechnungsfrei bleibe das „Stillgeld, das eine Wöchnerin auf Grund der reichsgesetzlichen Vorschriften über Wochenhilfe und Wochenfürsorge erhält".

Nicht in Betracht kommen etwaige Anrechnungsvorschriften, soweit eine Wöchnerin selbständige Erwerbslosenunterstützung erhält. Für diesen Fall bestimmt § 25 der VO., der in Ziffer 2a ausdrücklich aufrechterhalten wird, daß neben Wochengeld oder den an seine Stelle tretenden Ersatzleistungen, d. h. Kur und Verpflegung in einem Wöchnerinnenheim nach § 196 Ziff. 1 RVO., die Erwerbslose für ihre Person keine Erwerbslosenunterstützung erhalten darf. Dagegen erhält sie beim Vorliegen der Voraussetzungen die Familienzuschläge. An die

Stelle der Erwerbslosenunterstützung tritt also in diesem Falle das Wochengeld, das nach § 195a Ziff. 3 RVO. in Höhe des Krankengeldes gewährt wird. Deshalb kann hier eine Anrechnung nicht stattfinden.

Anders war dagegen die Rechtslage zu beurteilen, wenn der Ehemann der Wöchnerin oder ein anderer Haushaltsangehöriger Erwerbslosenunterstützung bezog. In solchen Fällen mußte bisher das Wochengeld oder das Familienwochengeld auf die Erwerbslosenunterstützung angerechnet werden, wobei es allerdings zweifelhaft war, ob es als Einnahme nach § 7 Abs. 2 voll oder als Rentenbezug nach § 7 Abs. 3 zur Hälfte zu berücksichtigen war. Durch die Anrechnung wurden jedoch die mit der Wochenhilfe verfolgten Zwecke zum Teil vereitelt, bevölkerungs- und sozialpolitische Erwägungen sprachen gegen die Anrechnung. Diesen Gesichtspunkten will das Gesetz gerecht werden, indem es bestimmt, daß nunmehr die Leistungen der Wochenhilfe nach § 195a RVO., der Familienwochenhilfe nach § 205a RVO. und der Wochenfürsorge auf Grund der Verordnung über die Fürsorgepflicht auf die Erwerbslosenunterstützung, in diesen Fällen also auf die Familienzuschläge, nicht mehr angerechnet werden.

[2]) § 195a RVO. in der Fassung des Gesetzes vom 9. Juli 1926 (RGBl. I S. 407) lautet:

Weibliche Versicherte, die in den letzten zwei Jahren vor der Niederkunft mindestens zehn Monate hindurch, im letzten Jahre vor der Niederkunft aber mindestens sechs Monate hindurch auf Grund der Reichsversicherung oder bei dem Reichsknappschaftsvereine gegen Krankheit versichert gewesen sind, erhalten als Wochenhilfe

1. bei der Entbindung oder bei Schwangerschaftsbeschwerden Hebammenhilfe, Arznei und kleinere Heilmittel sowie, falls es erforderlich wird, ärztliche Behandlung,
2. einen einmaligen Beitrag zu den sonstigen Kosten der Entbindung und bei Schwangerschaftsbeschwerden in Höhe von 10 Reichsmark; findet eine Entbindung nicht statt,

so sind als Beitrag zu den Kosten bei Schwangerschaftsbeschwerden 6 Reichsmark zu zahlen,

3. ein Wochengeld in Höhe des Krankengeldes, jedoch mindestens 50 Reichspfennig täglich, für vier Wochen vor und sechs zusammenhängende Wochen nach der Niederkunft,
4. solange sie ihre Neugeborenen stillen, ein Stillgeld in Höhe des halben Krankengeldes, jedoch mindestens 25 Reichspfennig täglich, bis zum Ablauf der zwölften Woche nach der Niederkunft. Der Vorstand kann einen Höchstbetrag für das tägliche Stillgeld festsetzen. Die Satzung oder die oberste Landesbehörde kann bestimmen daß die Kassen bei Zahlung des Stillgeldes auf den Wert der regelmäßigen Inanspruchnahme von Mutterberatungsstellen, Säuglingsfürsorgestellen oder gleichartigen Einrichtungen hinweisen.

Die Dauer des Wochengeldbezugs vor der Entbindung wird auf zwei weitere Wochen erstreckt, wenn die Schwangere während dieser Zeit keine Beschäftigung gegen Entgelt ausübt und vom Arzt festgestellt wird, daß die Entbindung voraussichtlich innerhalb sechs Wochen stattfinden wird. Irrt sich der Arzt bei der Berechnung des Zeitpunkts der Entbindung, so hat die Schwangere gleichwohl Anspruch auf das Wochengeld von dem in dem ärztlichen Zeugnis angenommenen Zeitpunkt bis zur Entbindung.

Das Wochengeld für die Zeit vor der Entbindung wird jeweils sofort, nicht erst mit dem Tage der Entbindung fällig.

Neben dem Wochengelde für die Zeit nach der Entbindung wird kein Krankengeld gewährt. Für die Zeit nach der Entbindung, in der die Wöchnerin gegen Entgelt arbeitet, wird nur das halbe Wochengeld gezahlt.

Wechselt die Wöchnerin während der Leistung der Wochenhilfe die Kassenzugehörigkeit, so bleibt die erstverpflichtete Kasse für die weitere Durchführung der Leistung zuständig. § 212 gilt hierbei nicht.

Stirbt eine Wöchnerin bei der Entbindung oder während der Zeit der Unterstützungsberechtigung, so werden die noch verbleibenden Beträge an Wochen- und Stillgeld bis zum satzungsmäßigen Ende der Bezugszeit an denjenigen gezahlt, der für den Unterhalt des Kindes sorgt.

Der Anspruch bleibt beim Vorliegen der übrigen Voraussetzungen auch dann bestehen, wenn die Versicherte wegen ihrer Schwangerschaft innerhalb sechs Wochen vor der Entbindung aus der Versicherung ausgeschieden ist.

[3]) Vgl. Anm. 1 Abs. 2.

[4]) Über die Familienwochenhilfe bestimmt § 205a RVO.: Wochenhilfe erhalten auch die Ehefrauen sowie solche Töchter, Stief- und Pflegetöchter der Versicherten, welche mit diesen in häuslicher Gemeinschaft leben, wenn

1. sie ihren gewöhnlichen Aufenthalt im Inland haben,
2. ihnen ein Anspruch auf Wochenhilfe nach § 195a nicht zusteht und
3. die Versicherten in den letzten zwei Jahren vor der Niederkunft mindestens zehn Monate hindurch, im letzten Jahre vor der Niederkunft aber mindestens sechs Monate hindurch auf Grund der Reichsversicherung oder bei dem Reichsknappschaftsvereine gegen Krankheit versichert gewesen sind.

Die Satzung kann mit Zustimmung des Oberversicherungsamts bestimmen, wieweit von der Voraussetzung des Abs. 1 Nr. 1 abzusehen ist.

Als Wochenhilfe werden die im § 195a Abs. 1 Nr. 1, 2, 3 und 4 bezeichneten Leistungen gewährt; dabei beträgt das Wochengeld 50 Reichspfennig und das Stillgeld 25 Reichspfennig täglich. § 195a Abs. 3 gilt entsprechend. Die Satzung oder die oberste Landesbehörde kann bestimmen, daß die Kassen bei Zahlung des Stillgeldes auf den Wert der regelmäßigen Inanspruchnahme von Mutterberatungsstellen, Säuglingsfürsorgestellen oder gleichartigen Einrichtungen hinweisen.

Die Satzung kann den Betrag des Wochengeldes und des

Stillgeldes je bis auf die Hälfte des Krankengeldes der Versicherten erhöhen.

Die Familienwochenhilfe ist auch zu gewähren, wenn die Niederkunft innerhalb neun Monaten nach dem Tode des Versicherten erfolgt. Bei Töchtern, Stief- und Pflegetöchtern ist Voraussetzung, daß sie mit dem Versicherten bis zu seinem Tode in häuslicher Gemeinschaft gelebt haben. Berechtigt ist die Schwangere oder Wöchnerin; im Falle ihres Todes gilt § 195a Abs. 6 entsprechend.

Wechseln die Versicherten während der Leistung der Wochenhilfe die Kassenzugehörigkeit, so bleibt die erstverpflichtete Kasse für die weitere Durchführung der Leistung zuständig. § 212 gilt hierbei nicht.

Die Satzung kann die Dauer des Wochengeldbezugs bis auf dreizehn Wochen, des Stillgeldbezugs bis auf sechsundzwanzig Wochen erweitern. Die §§ 196 und 199 gelten entsprechend.

Sind mehrere Krankenkassen oder ist eine Kasse mehrfach beteiligt, so ist die Wochenhilfe nur einmal zu gewähren. Unter mehreren Kassen steht der Wöchnerin die Wahl frei. Der Krankenkasse im Sinne dieser Vorschrift steht der Reichsknappschaftsverein gleich, ebenso eine Ersatzkasse hinsichtlich solcher Mitglieder, die gemäß § 507a den versicherungspflichtigen Mitgliedern gleichgestellt sind.

[5]) Die Reichsverordnung über die Fürsorgepflicht vom 13. Februar 1924 (RGBl. I S. 100) in der Fassung des Gesetzes vom 8. Juni 1926 (RGBl. I S. 255) bestimmt über die Wochenfürsorge:

§ 1.

„Die nachstehenden öffentlich-rechtlichen Fürsorgeaufgaben sind, soweit Reichsgesetze nichts anderes bestimmen, von den Landesfürsorgeverbänden und den Bezirksfürsorgeverbänden zu erfüllen:

a) bis e) — — — —

f) die Wochenfürsorge."

§ 6 Abs. 4.

„Die oberste Landesbehörde oder die von ihr bestimmten Stellen setzen ferner den örtlichen Verhältnissen angepaßte Einkommenssätze fest, bei deren Nichterreichung eine Wöchnerin Wochenfürsorge stets dann erhält, wenn nicht Tatsachen die Annahme rechtfertigen, daß die Hilfe nicht benötigt wird."

Die Reichsgrundsätze über Voraussetzung, Art und Maß der öffentlichen Fürsorge vom 4. Dezember 1924 (RGBl. I S. 765) sagen dazu in

§ 6:

„Zum notwendigen Lebensbedarfe gehören:

a) bis b) — — —

c) Hilfe für Schwangere und Wöchnerinnen."

und in § 12.

„Schwangeren und Wöchnerinnen (§ 6c) sind je nach Art und Grad der Hilfsbedürftigkeit ärztliche Behandlung, Entbindungskostenbeitrag und Wochengeld, Wöchnerinnen, die ihr Kind stillen, außerdem Stillgeld zu gewähren. Die Hilfe soll ihnen das sicherstellen, was die Reichsversicherungsordnung den Familienangehörigen eines Versicherten gewährt (Familienwochenhilfe). An die Stelle barer Beihilfen können auch Sachleistungen treten."

Über Einzelheiten auf diesem Gebiete unterrichtet der Kommentar von Dr. Heinz Jäger „Die Wochenhilfe", 3. Aufl., München 1927, Becksche Verlagsbuchhandlung.

2. Als Abs. 7 wird folgende Vorschrift[1]) eingefügt:

„(7) Der Reichsarbeitsminister erläßt mit Zustimmung des Reichsrats Vorschriften, durch die eine gleichmäßige Prüfung der Bedürftigkeit sichergestellt wird und Härten ausgeschlossen werden. Er kann hierbei insbesondere

1. den Kreis der Familienangehörigen, deren

Einnahmen bei der Prüfung der Bedürftigkeit des zu Unterstützenden zu berücksichtigen sind, einschränken,

2. den Umfang der Anrechnung abweichend von den Absätzen 1 bis 3 bestimmen."

[1]) Ziffer 2 des Gesetzes ist ein Markstein von besonderer Bedeutung auf dem Wege der Umgestaltung der Erwerbslosenfürsorge in eine Arbeitslosenversicherung. Wie bereits im Handbuch S. 350 bemerkt worden ist, ist gerade die Frage der Bedürftigkeitsprüfung in der letzten Zeit immer mehr in den Brennpunkt des Interesses gerückt worden, seitdem große Parteien des Reichstages sich für die Beseitigung jeder Prüfung der Bedürftigkeit eingesetzt haben. Gleichwohl hat man jetzt diesen Schritt noch nicht gewagt, offenbar deshalb, weil man das nicht glaubte verantworten zu können in einer Zeit, in der für die Erwerbslosenfürsorge öffentliche Mittel in erheblichem Umfange bereits laufend aufgewandt werden müssen und sich die Auswirkungen der völligen Aufhebung der Bedürftigkeit nicht berechnen lassen. Ziffer 2 sieht deshalb zunächst nur vor, daß der RAM. durch Ausführungsvorschriften die gleichmäßige Prüfung der Bedürftigkeit im Reiche sicherstellen kann, um dadurch die sich aus den bisherigen verschiedenen Berechnungsarten ergebenden Härten zu beseitigen. Es hängt von den Grenzen dieser neuen Berechnungsrichtlinien ab, inwieweit tatsächlich durch sie die Prüfung der Bedürftigkeit ausgeschaltet wird.

Ziffer 2 will einheitliche Richtlinien vor allem in zwei Richtungen schaffen. Zunächst kann durch sie der Kreis der Familienangehörigen, deren Einnahmen bei der Prüfung der Bedürftigkeit zu berücksichtigen ist, eingeschränkt werden. Nach § 7 Abs. 1 der VO. ist eine bedürftige Lage vorbehaltlich der Bestimmungen in den Abs. 3—6 nur insoweit anzunehmen, als die Einnahmen des zu Unterstützenden einschließlich der in seinem Haushalt lebenden Familienangehörigen derart geringe sind, daß er nicht imstande ist, damit den notwendigen Lebensunterhalt zu bestreiten und als ihm keine familienrechtlichen Unterhaltsansprüche zustehen, deren Erfüllung den notwendigen Lebensunterhalt ermöglichen würde. Diese Bestimmung ist bisher dahin ausgelegt worden, daß die in einem Haushalt zusammengeschlossenen Familienmitglieder eine wirtschaftliche und sittliche Einheit bilden und daher in Zeiten der Not zu ihrer gegenseitigen Unterstützung auch insoweit herangezogen werden können, als eine gesetzliche Unterhaltspflicht sonst nicht besteht (vgl. Handbuch S. 322 Abs. 3). In der Praxis hat sich jedoch gezeigt, daß diese Vorschrift ihr Ziel nicht erreicht, vielmehr oft dazu geführt hat, daß solche Angehörige die häusliche Gemeinschaft aufgegeben haben, um der Anrechnung zu entgehen. Unzufriedenheit und Zwistigkeiten waren die Folge (aus der Begründung des Entwurfs). Auch die Nachprüfung dieser Einkommensverhältnisse war nur mit Schwierigkeiten und hohen Verwaltungskosten möglich. Deshalb schränken die Ausf.-Vorschr. vom 22. Januar 1927 (abgedr. S. 99) den Personenkreis, dessen Einkommen auf die Erwerbslosenunterstützung anzurechnen ist, auf die nach dem bürgerlichen Recht Unterhaltspflichtigen ein.

Weiter will Ziffer 2 Härten mildern, die sich aus starrer Anwendung des § 7 Abs. 2 und 3 der VO. ergeben haben bei der vollen Anrechnung von Einnahmen des Erwerbslosen und der hälftigen Anrechnung von Unterstützungen, die er auf Grund eigener oder fremder Vorsorge bezieht, sowie von Rentenbezügen. Vgl. dazu die Ausf.-Vorschr. S. 99.

Artikel 2.

Hinter § 26 der Verordnung über Erwerbslosenfürsorge wird eingefügt:

„IIIA. Invaliden-, Angestellten- und knappschaftliche Pensionsversicherung Erwerbsloser[1]).

§ 26a.

(1) Die Gemeinde[2]) hat[3]) aus Mitteln[4]) der Erwerbslosenfürsorge für die Invaliden-, Angestellten- und knappschaftliche Pensionsversicherung der Erwerbslosen die Beiträge (Anerkennungsgebühren) zu entrichten, die zur Erhaltung der Anwartschaft[5-7]) notwendig[8]) sind.

(2) Der Reichsarbeitsminister bestimmt[9]), inwieweit die Träger der Sozialversicherung bei der Durchführung dieser Vorschrift mitzuwirken haben. Verwaltungskosten werden ihnen für diese Mitwirkung nicht erstattet."

Berlin, den 10. Dezember 1926.

Der Reichspräsident
von Hindenburg
Der Reichsarbeitsminister
Dr. Brauns

[1]) Erwerbslose Arbeiter und Angestellte sind während der Dauer der Erwerbslosigkeit im allgemeinen nicht imstande, die Beiträge für eine freiwillige Fortsetzung der Invaliden-, Angestellten- und knappschaftlichen Versicherung aufzubringen, die erforderlich sind, um die Anwartschaft auf die Leistungen der Versicherung aufrechtzuerhalten. Soweit es sich um vorübergehende Erwerbslosigkeit handelte, wie es bei den bisherigen Krisen auf dem Arbeitsmarkt fast durchweg der Fall war, war die Gefahr, daß durch die Erwerbslosigkeit die Anwartschaft verloren werden könnte, nicht groß. Bei Wiederaufnahme von Arbeit konnten die erforderlichen Beiträge während der gesetzlich geregelten Fristen noch gezahlt werden. Dagegen hat die jetzige Krise mit ihrer außerordentlich langen Dauer bei einer größeren Zahl Erwerbsloser die Gefahr verstärkt, daß sie

infolge langer Erwerbslosigkeit ihre Anwartschaft verlieren und damit den Anspruch auf die Leistungen der Versicherung. Das zu vermeiden ist die Absicht der Vorschrift des Artikel 2. Durch die Einfügung der Ziffer IIIA in die Verordnung über Erwerbslosenfürsorge wird nunmehr die Erhaltung bedrohter Anwartschaften in der Invaliden-, Angestellten- und knappschaftlichen Pensionsversicherung ein Bestandteil der Erwerbslosenfürsorge. Vom Inkrafttreten des Gesetzes (25. Dezember 1926) ab hat der öffentliche Arbeitsnachweis von jedem Erwerbslosen seine Versicherungsquittungskarte beizuziehen, und zwar

für die Angestelltenversicherung:

die grüne Angestelltenkarte,

für die Invalidenversicherung:

a) die Quittungskarte oder
b) die Bescheinigung der Reichseisenbahnpensionskasse oder
c) den Abkehrschein des Reichsknappschaftsvereins.

Auf Grund dieser Karte hat der Arbeitsnachweis ohne jede Verzögerung zu prüfen, ob die Anwartschaft gefährdet ist (vgl. dazu auch Anm. 9). Besteht die Gefahr, daß die Anwartschaft verloren wird, so sind vom Arbeitsnachweis die erforderlichen Beiträge aus den Mitteln der Erwerbslosenfürsorge zu entrichten.

[2]) Gemeinde-Errichtungsgemeinde des öffentlichen Arbeitsnachweises, vgl. Handbuch S. 302 Anm. 1. Die Errichtungsgemeinde hat dieser gesetzlich auferlegten Pflicht nachzukommen. Die technische Durchführung liegt, da die Maßnahme ein Bestandteil der Erwerbslosenfürsorge ist, dem öffentlichen Arbeitsnachweis ob, soweit nicht seine Befugnisse nach § 27 Abs. 2, 3 der VO. auf andere Stellen übertragen worden sind.

[3]) Hat = muß. Kommt sie ihrer Pflicht nicht nach, so kann sie — abgesehen von sonstiger Haftung — nach § 2 der VO. dazu gezwungen werden, da Nichterfüllung dieser Pflicht bedeuten würde, daß die Gemeinde keine genügende Fürsorge eingerichtet hat (vgl. Handbuch S. 310).

[4]) Sie gelten als Aufwand der Erwerbslosenfürsorge im Sinne der §§ 33ff. der VO. und sind zu $^1/_9$ von der Errichtungsgemeinde, zu $^8/_9$ aus dem Beitragsaufkommen zu decken (vgl. Handbuch S. 441 Anm. 3).

[5]) Die Anwartschaft ist in den folgenden Bestimmungen geregelt:

a) für die Invalidenversicherung in den §§ 1280ff. RVO.

§ 1280.

Die Anwartschaft erlischt, wenn während zweier Jahre nach dem auf der Quittungskarte verzeichneten Ausstellungstage (§ 1416) weniger als zwanzig Wochenbeiträge auf Grund der Versicherungspflicht oder der Weiterversicherung entrichtet worden sind.

Die Anwartschaft gilt nicht als erloschen, wenn die zwischen dem erstmaligen Eintritt in die Versicherung und dem Versicherungsfalle liegende Zeit zu mindestens drei Vierteln durch ordnungsmäßig verwendete Beitragsmarken belegt ist. Dabei stehen den Beitragsmarken solche volle Kalenderwochen gleich, die durch entrichtete Beiträge zur Angestelltenversicherung gedeckt sind.

§ 1281.

Als Wochenbeiträge im Sinne des § 1280 Abs. 1 zählen auch

1. Krankheitszeiten (§ 1279) sowie Zeiten nach § 1279a,
2. Zeiten, in denen Beiträge zur Angestelltenversicherung entrichtet sind, soweit die Zeiten nicht durch Beitragswochen zur Invalidenversicherung gedeckt sind,
3. Zeiten ohne versicherungspflichtige Beschäftigung, während deren der Anwärter oder der Verstorbene Invaliden- oder Altersrente aus einer Kasse oder einer Sonderanstalt der in den §§ 1321, 1360, 1375 bezeichneten Art oder eine Invalidenpension nach den Vorschriften des Reichsknappschaftsgesetzes bezog. Das gleiche gilt für Zeiten, während deren eine Unfallrente von mindestens einem Fünftel der Vollrente oder wegen

einer im Kriege 1914/18 bei der deutschen Wehrmacht oder einer dem Deutschen Reiche verbündeten oder befreundeten Macht erlittenen militärischen Dienstbeschädigung eine Rente von mindestens einem Fünftel der Vollrente bezogen wurde,

4. die in der freiwilligen Kriegskrankenpflege bei der deutschen Wehrmacht oder einer dem Deutschen Reiche verbündeten oder befreundeten Macht zurückgelegten Dienstzeiten,
5. Zeiten, während deren Ruhegeld aus der Angestelltenversicherung bezogen wird, ohne daß eine invalidenversicherungspflichtige Beschäftigung ausgeübt wird.

§ 1282.

Bei der Selbstversicherung und ihrer Fortsetzung müssen zur Aufrechterhaltung der Anwartschaft während der im § 1280 bezeichneten Frist mindestens vierzig Beiträge entrichtet werden. Dieses gilt nicht, wenn auf Grund der Versicherungspflicht mehr als sechzig Beiträge geleistet worden sind.

§ 1283.

Die Anwartschaft lebt wieder auf, wenn der Versicherte wieder eine versicherungspflichtige Beschäftigung aufnimmt oder durch freiwillige Beitragsleistung das Versicherungsverhältnis erneuert und danach eine Wartezeit von zweihundert Beitragswochen zurücklegt.

Hat der Versicherte bei der Wiederaufnahme der versicherungspflichtigen Beschäftigung oder bei der Erneuerung des Versicherungsverhältnisses durch freiwillige Beitragsleistung das sechzigste Lebensjahr vollendet, so lebt die Anwartschaft nur auf, wenn er vor dem Erlöschen der Anwartschaft mindestens tausend Beitragsmarken verwendet hatte.

Hat der Versicherte das vierzigste Lebensjahr vollendet, so lebt die Anwartschaft durch freiwillige Beitragsleistung nur auf, wenn er vor dem Erlöschen der Anwartschaft mindestens fünfhundert Beitragsmarken verwendet hatte und danach eine Wartezeit von fünfhundert Beitragswochen zurücklegt.

Den Beitragsmarken und Beitragswochen im Sinne dieser Vorschriften stehen volle Beitragswochen gleich, die durch entrichtete Beiträge zur Angestelltenversicherung und nicht auch nach den Vorschriften der Invalidenversicherung gedeckt sind. Auf die neue Wartezeit werden jedoch Beiträge zur Angestelltenversicherung für Zeiten vor dem 1. Januar 1923 nur angerechnet, wenn zwischen dem Erlöschen der Anwartschaft und dem Beginn der Beitragsentrichtung zur Angestelltenversicherung ein Zeitraum von nicht mehr als zwei Jahren liegt.

b) für die Angestelltenversicherung in den §§ 54, 55 des AVG. in der Fassung vom 28. Mai 1924 (RGBl. I S. 563).

§ 54.

Die Anwartschaft erlischt, wenn nach dem Kalenderjahr, in dem der erste Beitragsmonat zurückgelegt worden ist, innerhalb der zunächst folgenden zehn Kalenderjahre weniger als acht und nach dieser Zeit weniger als vier Beitragsmonate während eines Kalenderjahrs zurückgelegt worden sind.

Die erworbenen Anwartschaften gelten als bis zum 31. Dezember 1923 aufrechterhalten.

§ 55.

Die Anwartschaft lebt, unbeschadet der Nachzahlungsmöglichkeit nach § 187, wieder auf, wenn der Versicherte die zur Aufrechterhaltung der Anwartschaft noch erforderlichen freiwilligen Beiträge innerhalb der zwei Kalenderjahre nachentrichtet, die dem Kalenderjahre der Fälligkeit der Beiträge folgen.

Die Anwartschaft lebt auch dann wieder auf, wenn der Versicherte von neuem auf Grund einer versicherungspflichtigen Beschäftigung oder eines Selbstversicherungsverhältnisses Beiträge entrichtet hat, und zwar,

falls vor dem Erlöschen der Anwartschaft die Warte-

zeit erfüllt war, für mindestens vierundzwanzig Beitragsmonate,
andernfalls für mindestens achtundvierzig Beitragsmonate.

Die Anwartschaft gilt als nicht erloschen, wenn die Zeit, die zwischen dem erstmaligen Eintritt in die Versicherung und dem Versicherungsfalle liegt, mindestens zu drei Vierteln mit Beiträgen oder Ersatzzeiten im Sinne des § 382 Abs. 1 belegt ist.

c) für die knappschaftliche Pensionsversicherung nach dem Reichsknappschaftsgesetz in der Fassung vom 1. Juli 1926 (RGBl. I S. 369) in § 76.

§ 76.

(1) Mitglieder der Pensionskassen, die, ohne berufsunfähig zu sein, aus der Versicherung ausscheiden, sind berechtigt, sich das Recht auf die bis zum Tage des Ausscheidens erworbenen Ansprüche aus der Pensionsversicherung durch Zahlung einer Anerkennungsgebühr zu erhalten, welche die Satzung festsetzt.

(2) Die Rechte aus der Mitgliedschaft erlöschen, wenn der Ausgeschiedene die Anerkennungsgebühr innerhalb Jahresfrist nicht zahlt. Zeiten, in denen eine Beitragsstreitigkeit oder ein Verfahren über einen Anspruch aus der Pensionsversicherung schwebt, werden nicht in die Frist eingerechnet.

[6]) Die Beiträge gelten als freiwillige Weiterversicherungsbeiträge. Sie dienen zur Erfüllung der Wartezeit und sind bei der Berechnung der Steigerungsbeträge zu berücksichtigen. Der Steigerungsbetrag beträgt für die Inv.-Vers. nach § 1289 RVO. 20%, für die Ang.-Vers. nach § 56 AVG. 15% der seit dem 1. Januar 1924 gültig entrichteten Beiträge.

[7]) Für die Erhaltung der Anwartschaft gelten als ausreichend die Marken der Lohnklasse 2 (wöchentlich 50 Reichspfennige). Gehörte der Versicherte bis zum Eintritt der Erwerbslosigkeit einer Sonderkasse, z. B. der Reichseisenbahnpensionskasse oder dem Reichsknappschaftsverein, an, so muß dort auch die Weiterversicherung erfolgen (§ 1371 RVO.). Zur Erhaltung der Anwartschaft dort ist die gleiche Beitragszahl

und Lohnklasse erforderlich. An welche Stelle dieser Sonderkassen die Beiträge abzuführen sind, ersieht der Arbeitsnachweis aus der Bescheinigung des Versicherten über das letzte Pflichtversicherungsverhältnis.

In der Angest.-Vers. ist nach § 185 i. d. Fassung v. 28. Juli 1925 (RGBl. I S. 157) die freiwillige Weiterversicherung nicht unter der Gehaltsklasse zulässig, die dem Durchschnitt der letzten 4 Pflichtbeiträge entspricht. Sie ist jedoch in einer niedrigeren Gehaltsklasse zulässig, wenn der Versicherte nachweist, daß sie seinem Einkommen entspricht. Bei Erwerbslosigkeit wird deshalb die Entrichtung des Beitrags nach Klasse A des § 172 (Ges. vom 28. Juli 1925) mit 2 RM. zur Aufrechterhaltung der Anwartschaft ausreichen. Wegen der Wanderversicherung vgl. § 170 Abs. 4 AVG.: die Anwartschaft in der AV. wird durch Beiträge, die zur Inv.-Vers. geleistet worden sind, aufrechterhalten. Wegen der $^3/_4$-Deckung vgl. § 55 Abs. 3 (S. 49).

[8]) Aus dem Worte „notwendig" ergibt sich, daß die Arbeitsnachweise nicht verpflichtet sind, in jedem Falle Marken zu kleben, sondern nur, wenn die Anwartschaft gefährdet ist, und dann auch nur so viele, als zur Erhaltung der Anwartschaft notwendig sind. Denn, wie der Reichsarbeitsminister im Reichstag (245. Sitzung, S. 8379 D) erklärt hat: „Bei der schwierigen Lage, in der sich die Erwerbslosenfürsorge befindet, kann ihr nicht zugemutet werden, über den notwendigen Bedarf hinaus Versicherungsbeiträge zu entrichten." Zugleich hat er aber auch dem Vertrauen Ausdruck gegeben, daß die Arbeitsnachweise auch in dieser Angelegenheit auf die berechtigten Interessen der Erwerbslosen billige Rücksicht nehmen und insbesondere in dem Falle, daß einige Marken im Rückstande sind, auch diese Marken nachkleben.

Bezieht der Erwerbslose Invalidenrente wegen Invalidität oder Vollendung des 65. Lebensjahres, so sind Invalidenversicherungsbeiträge von ihm nicht mehr zu zahlen. Anders verhält es sich dagegen bei Militär- und Unfallrentenempfängern. In solchen Fällen empfiehlt es sich, mit der Landesversicherungsanstalt Fühlung zu nehmen (§ 1281 Ziff. 3 RVO.).

[9]) Der Reichsarbeitsminister beabsichtigt zunächst nicht, Ausführungsvorschriften zu erlassen. „Falls die öffentlichen Arbeitsnachweise in einzelnen Fällen nicht ohne die Mithilfe der Versicherungsträger auskommen, so werden diese gern Verwaltungshilfe leisten" (Rdschr. vom 11. Dezember 1926). Ohne die Hilfe der Versicherungsträger werden bei den schwierigen Fragen dieses Rechtsgebietes die Arbeitsnachweise kaum auskommen. Denn aus der abgegebenen Karte oder Bescheinigung läßt sich in vielen Fällen nicht mit Sicherheit feststellen, ob die Anwartschaft erhalten ist. Es muß auf Vorkarten und früher geleistete Beiträge zurückgegriffen werden, so daß es erforderlich werden wird, den Versicherungsträger selbst um die Prüfung zu ersuchen. Die Thür. Landesversicherungsanstalt hat deshalb den öffentlichen Arbeitsnachweisen empfohlen, solche zweifelhafte oder bereits verfallene Invalidenkarten mit der Angabe, seit wann der Versicherte unterstützt wird, an die Landesversicherungsanstalt einzusenden, nachdem die Karte vorher in ein Verzeichnis eingetragen worden ist. „Dieser Eintrag ist notwendig als Unterlage für die eventuell in der Zwischenzeit notwendig werdende Ausstellung einer Folgekarte, für deren Ausstellung vom öffentlichen Arbeitsnachweis zu sorgen ist, wenn der Unterstützte von dort in ein versicherungspflichtiges Arbeits- — auch Notstandsarbeits- — Verhältnis übergeleitet wird. Zu diesem Zwecke wird dem Unterstützten vom öffentlichen Arbeitsnachweis eine kurze Bescheinigung des Inhalts erteilt, daß für ihn die und die Vorkarte auf die und die Anstalt lautend vorgelegen hat. Mit dieser Bescheinigung verlangt dann der Unterstützte beim Gemeindevorstand seines Wohnortes oder bei der zuständigen Krankenkasse die Ausstellung der Folgekarte." Es bestehen jedoch keine Bedenken, wenn der öffentliche Arbeitsnachweis die Folgekarte selbst ausstellt, da er als Einrichtung der Gemeinde dazu berechtigt ist. Die Thür. Landesversicherungsanstalt hat auch dagegen keine Bedenken, daß ein Kreisarbeitsnachweis solche Karten ausstellt.

Zu Handbuch S. 138.

Anordnung über weitere Verlängerung der Kurzarbeiterfürsorge.

Vom 25. November 1926
(RGBl. I S. 491, RABl. Amtl. Teil S. 391).

Auf Grund der §§ 10 Abs. 1 und 43 der Verordnung über Erwerbslosenfürsorge vom 16. Februar 1924 (Reichsgesetzbl. I S. 127) ordne ich mit Zustimmung des Reichsrats und nach Benehmen mit dem Verwaltungsrate des Reichsamts für Arbeitsvermittlung an:

Artikel 1.

Die Geltungsdauer der Anordnung über Kurzarbeiterfürsorge[1]) vom 20. Februar 1926[2]) (Reichsgesetzbl. I S. 105) wird bis zum 31. März 1927 verlängert[3]).

Artikel 2.

Diese Anordnung tritt am 27. November 1926 in Kraft.

Berlin, den 25. November 1926.

Der Reichsarbeitsminister.

Dr. Brauns.

[1]) Durch Rdschr. IV 15 201/26 vom 25. November 1926 (RABl. S. 390) hat der Reichsarbeitsminister zugleich im Namen des Reichsministers der Finanzen die nach § 1 Abs. 2 der VO. über Erwerbslosenfürsorge erforderliche Zustimmung zur Fortsetzung der Kurzarbeiterfürsorge im Rahmen und für die Geltungsdauer der Anordnung erteilt, so daß die Kurzarbeiterfürsorge in den Gebieten, für die es die oberste Landes-

behörde angeordnet hat, zunächst bis zum 31. März 1927 verlängert wird. Wegen der Einzelheiten vgl. Handbuch S. 309 Anm. 7 und S. 138—165.

[2]) In der Anordnung über weitere Verlängerung vom 25. November 1926 ist nur die Anordnung über Kurzarbeiterfürsorge vom 20. Februar 1926 erwähnt. Selbstverständlich ging der Wille der Reichsregierung dahin, die Kurzarbeiterfürsorge in der zur Zeit geltenden Fassung zu verlängern. Die Verlängerung der Geltungsdauer erstreckt sich deshalb auch auf den Art. 1 der Anordnung vom 1. Juli 1926 (RGBl. I S. 365, RABl. S. 209), durch den § 6 der Anordnung über Kurzarbeiterfürsorge neu gefaßt und insbesondere die Beschränkung der Unterstützungsdauer auf 6 Wochen aufgehoben worden ist (vgl. Handbuch S. 159). Durch Rdschr. vom 30. November 1926 hat der Reichsarbeitsminister das ausdrücklich klargestellt.

[3]) Diese Befristung ist gewählt worden, weil man damit rechnet, daß mit dem 1. April 1927 die Arbeitslosenversicherung in Kraft tritt, und auch die Geltungsdauer der anderen Maßnahmen (Krisenfürsorge, Unterstützungshöchstsätze) auf diesen Zeitpunkt beschränkt worden ist.

Zu Handbuch S. 206.

Anordnung über die Höchstsätze[1]) in der Erwerbslosenfürsorge.

Vom 9. November 1926 (RABl. Amtl. Teil S. 362).

Auf Grund des § 10 Abs. 1 der Verordnung über Erwerbslosenfürsorge vom 16. Februar 1924 (Reichsgesetzbl. I S. 127) wird nach Benehmen mit dem Verwaltungsrat des Reichsamts für Arbeitsvermittlung angeordnet:

I Die Höchstsätze der Erwerbslosenunterstützung betragen vom 8 November 1926 bis[2]) zum 31 März 1927 wochentäglich:

im Wirtschaftsgebiet I (Osten)

	in den Orten der Ortsklassen A	B	C	D u. E
	in Reichspfennigen			
1. für Personen[3]) über 21 Jahre:				
a) alleinstehende[4]) ...	175	163	152	128
b) nicht alleinstehende während der ersten acht Unterstützungswochen[3])	152	142	132	122 (b und c)
c) nicht alleinstehende vom Beginn der neunten Unterstützungswoche an .	167	156	145	
2. für Personen unter 21 Jahren:				
a) alleinstehende	115	107	99	78
b) nicht alleinstehende während der ersten acht Unterstützungswochen	91	86	80	75 (b und c)
c) nicht alleinstehende vom Beginn der neunten Unterstützungswoche an .	100	94	87	

	A	B	C	D u. E
3. als Familienzuschläge für:				
a) den Ehegatten	48	45	42	39
b) die Kinder u. sonstige unterstützungsberechtigte Angehörige ..	33	31	29	27

im Wirtschaftsgebiet II (Mitte)

	in den Orten der Ortsklassen			
	A	B	C	D u. E
	in Reichspfennigen			
1. für Personen über 21 Jahre:				
a) alleinstehende	205	191	177	152
b) nicht alleinstehende während der ersten acht Unterstützungswochen	178	167	156	145
c) nicht alleinstehende vom Beginn der neunten Unterstützungswoche an .	196	183	169	
2. für Personen unter 21 Jahren:				
a) alleinstehende	136	127	117	92
b) nicht alleinstehende während der ersten acht Unterstützungswochen	108	101	95	88
c) nicht alleinstehende vom Beginn der neunten Unterstützungswoche an .	119	111	103	

3. als Familienzuschläge für:				
a) den Ehegatten	55	52	49	46
b) die Kinder u. sonstige unterstützungsberechtigte Angehörige ..	39	37	35	33

im Wirtschaftsgebiet III (Westen)

	in den Orten der Ortsklassen A	B	C	D u. E
	in Reichspfennigen			
1. für Personen über 21 Jahre:				
a) alleinstehende	220	205	190	162
b) nicht alleinstehende während der ersten acht Unterstützungswochen	191	179	167	155 (b und c)
c) nicht alleinstehende vom Beginn der neunten Unterstützungswoche an .	210	196	182	
2. für Personen unter 21 Jahren:				
a) alleinstehende	145	136	127	97
b) nicht alleinstehende während der ersten acht Unterstützungswochen	116	108	100	92 (b und c)
c) nicht alleinstehende vom Beginn der neunten Unterstützungswoche an .	128	119	110	

3. als Familienzuschläge für:

a) den Ehegatten	60	56	52	48
b) die Kinder u. sonstige unterstützungsberechtigte Angehörige ..	42	40	38	36

II. Einschließlich[5]) der Familienzuschläge darf die Unterstützung, die ein Erwerbsloser erhält, in keinem Falle folgende Beträge (Spitzensätze) übersteigen:

1. während der ersten acht Unterstützungswochen

	in den Orten der Ortsklassen			
	A	B	C	D u. E
	in Reichspfennigen			
a) im Wirtschaftsgebiet I (Osten)	332	311	290	269
b) im Wirtschaftsgebiet II (Mitte)	389	367	345	323
c) im Wirtschaftsgebiet III (Westen)	419	395	371	347

2. vom Beginn der neunten Unterstützungswoche ab

	in den Orten der Ortsklassen			
	A	B	C	D u. E
	in Reichspfennigen			
a) im Wirtschaftsgebiet I (Osten)	347	325	303	269
b) im Wirtschaftsgebiet II (Mitte)	407	383	358	323
c) im Wirtschaftsgebiet III (Westen)	438	412	386	347

III. Die Grenzen der drei Wirtschaftsgebiete fallen mit denen der drei Lohngebiete zusammen, die in den Erlassen des Reichsministers der Finanzen vom 27. November 1923 — I B 34015 — (Reichsbesoldungsbl. S. 402), vom 30. Juni 1924 — I B 10166/9842 — (Reichsbesoldungsbl. S. 198), vom 11. Juli 1924 — I B 15088 — (Reichsbesoldungsbl. S. 214) und vom 14. Januar 1925 — I B 22 — (Reichsbesoldungsbl. S. 7) zugrundegelegt sind.

IV. Im Sinne der Nr. I dieser Anordnung sind

„alleinstehende" Erwerbslose: solche, die weder Familienzuschläge beziehen noch dem Haushalte eines anderen angehören,

„nicht alleinstehende" Erwerbslose: alle übrigen.

V. Soweit die Gesamtunterstützung den durchschnittlichen Arbeitsverdienst vergleichbarer[6]) Arbeitnehmergruppen erreichen würde, dürfen die Familienzuschläge die Unterstützung, die der Erwerbslose für seine Person erhält (Hauptunterstützung), nicht übersteigen.

VI. Die selbständigen[7]) Unterstützungen, die mehrere in einem gemeinschaftlichen Hausstand lebende Familienmitglieder erhalten, dürfen insgesamt das Zweieinhalbfache der Unterstützung nicht übersteigen, die dem höchstunterstützten Mitglied der Familie für seine Person zusteht. Der Vorstand der Familie gilt im Sinne dieser Bestimmung als ihr Mitglied.

VII. Sind Pfennigbeträge auszuzahlen, die nicht durch 5 teilbar sind, so können sie auf den nächsthöheren durch 5 teilbaren Betrag aufgerundet werden.

VIII. Mit dem Inkrafttreten dieser Anordnung treten die Anordnung über die Höchstsätze in der Erwerbslosenfürsorge vom 30. Januar 1925 (Reichsarbeitsbl. S. 53), die Anordnung über die vorübergehende Erhöhung der Höchstsätze in der Erwerbslosenfürsorge vom 17. Dezember 1925 (Reichsarbeitsbl. S. 562) und die Zweite Anordnung über die vorübergehende Erhöhung der Höchstsätze in der Erwerbslosenfürsorge vom 27. Februar 1926 (Reichsarbeitsbl. S. 62) außer Kraft.

Berlin, den 9. November 1926.

Der Reichsarbeitsminister.

Dr. Brauns.

[1]) Die Anordnung beruht auf § 10 Abs. 1 der VO. (vgl. Handbuch S. 358). Durch Ziffer VIII der jetzigen Anordnung sind vom 8. November 1926 ab die bisherigen Anordnungen außer Kraft gesetzt worden (vgl. Handbuch S. 206ff.). Deshalb gelten die jetzigen Höchstsätze auch für die Kurzarbeiterunterstützung, wobei aber zu beachten ist, daß die Unterstützungssätze für die nicht Alleinstehenden in den ersten 8 Unterstützungswochen geringer sind (vgl. im Gegensatz dazu Buchstabe B der Anordnung vom 27. Februar 1926, Handbuch S. 213).

Für die Berechnung der Förderung bei öffentlichen Notstandsarbeiten nach § 13 der Bestimmungen über öffentliche Notstandsarbeiten (vgl. Handbuch S. 252) galten bisher die Unterstützungssätze der Anordnung vom 17. Dezember 1925, da die Sätze vom 27. Februar 1926 wie für die Kurzarbeiterunterstützung so auch für die produktive Erwerbslosenfürsorge durch Buchstabe B dieser Anordnung ausdrücklich ausgeschlossen worden waren (vgl. Handbuch S. 209, 213). Eine solche ausdrückliche Beschränkung ist in die jetzige Anordnung nicht aufgenommen worden. Der Reichsarbeitsminister hält es aber nach einem Rdschr. IV 14 476 vom 18. November 1926 „für angebracht, daß die bisherigen Unterstützungssätze bis auf weiteres auch fernerhin in der produktiven Erwerbslosenfürsorge gelten, da sie sich in aller Regel als ausreichend erwiesen haben". Der letzteren Auffassung ist zuzustimmen, da im Laufe dieses Jahres Lohn- oder Materialpreiserhöhungen in nennenswertem Umfange nicht eingetreten sind. Wenn jedoch in dem Rundschreiben gesagt wird, daß die bisherigen Unterstützungssätze auch fernerhin gelten sollen, so bedeutet das nicht, daß sie für die produktive Erwerbslosenfürsorge aufrechterhalten werden; denn das wäre mangels einer besonderen Bestimmung und im Hinblick auf die ausdrückliche Aufhebung durch Ziff. VIII gesetzestechnisch nicht möglich. Das Rundschreiben will vielmehr sagen, daß für die produktive Erwerbslosenfürsorge im allgemeinen nicht die jetzigen Höchstsätze, sondern niedrigere Sätze ausgezahlt werden sollen. „Nur in besonderen Ausnahmefällen, in denen die obersten Landesbehörden dazu die ausdrückliche Genehmigung erteilen, dürfen die neuen Höchstsätze für die Förderung zugrunde gelegt werden."

[2]) Die Geltungsdauer ist bis zum 31. März 1927 beschränkt worden, weil durch die höheren Sätze die durch den Winter hervorgerufenen höheren Bedürfnisse abgegolten werden sollen und man zudem mit dem Inkrafttreten der Arbeitslosenversicherung zu diesem Zeitpunkt rechnen kann.

[3]) Die Unterstützungssätze für Männer und Frauen sind seit dem 9. Februar 1925 gleich.

Durch die jetzige Anordnung werden die Unterstützungssätze für die alleinstehenden Erwerbslosen um 15 v. H., für die übrigen Unterstützungsempfänger um 10 v. H. erhöht. Eine weitere Erhöhung glaubte die Reichsregierung nicht verantworten zu können, da sich auf Grund der am 2. Juli 1926 vorgenommenen Erhebung (vgl. Gesetz über eine Erhebung in der Erwerbslosenfürsorge vom 25. Juni 1926, Handbuch

S. 459) ergeben hat, daß bereits nach den bisherigen Unterstützungssätzen 62 208 Hauptunterstützungsempfänger oder 3,90 v. H. sehr dicht an ihren Lohn herangekommen sind (bis zu 90 v. H. des letztverdienten Lohnes), während 45 156 Hauptunterstützungsempfänger oder 2,83 v. H. ihren bisherigen Lohn erreicht oder bereits überschritten haben (vgl. Beilage zum RABl. 1926 Nr. 42).

Die verschiedene Staffelung der Sätze für nicht alleinstehende Personen nach den ersten 8 Unterstützungswochen und von der 9. Woche an ist verwaltungstechnisch sehr unerwünscht, rechtfertigt sich aber aus der Erwägung, daß sich durch die längere Dauer der Erwerbslosigkeit die wirtschaftliche Lage des Erwerbslosen verschlechtert. Zu beachten ist, daß diese Staffelung nur für die Ortsklassen A bis C gilt. Wegen der Geltung der erhöhten Sätze bei Unterbrechungen im Bezuge der Unterstützung vgl. Ziff. VII des Rdschr. des RAM. vom 28. Dezember 1926, abgedr. S. 75.

4) „Alleinstehende Erwerbslose" sind solche, die weder Familienzuschläge beziehen noch dem Haushalte eines anderen angehören, „nicht alleinstehende" alle übrigen.

5) Nach § 10 Abs. 3 der VO. dürfen die Familienzuschläge, die ein Erwerbsloser erhält, insgesamt das Zweifache der ihm gewährten Unterstützung nicht übersteigen. Die jetzige Anordnung setzt, wie bereits die vorhergehenden Anordnungen, diese Grenze zahlenmäßig fest, sie geht aber insofern weiter, als sie auch das 4. Kind noch in die Unterstützung einbezieht und dadurch den Kinderreichen entgegenkommt. Die Spitzensätze der Ziffer II dürfen nicht überschritten werden.

6) Dazu gehört in erster Linie die Berufsgruppe, welcher der Erwerbslose selbst angehört hat.

7) Wegen der „selbständigen Unterstützungen" vgl. § 10 Abs. 4 der VO. und Handbuch S. 363. Die nach § 10 Abs. 4 an sich zulässige Höchstgrenze des Dreifachen ist bereits durch frühere Anordnungen auf das Zweieinhalbfache herabgesetzt worden. Die jetzige Anordnung behält diese Beschränkung bei.

Beispiel für die Berechnung der selbständigen Unterstützungen:

In einem gemeinschaftlichen Haushalte leben der Vater A mit seiner Frau und einer 12-jährigen Tochter, ferner sein 22-jähriger Sohn B mit seinem unehelichen Kinde, endlich sein 20-jähriger Sohn C.

In Ortsklasse B (Wirtschaftsgebiet II) würde die Tagesunterstützung nach den Sätzen vom 9. November 1926 für sie betragen:

a)	für den Vater in der 9. Woche	183 RPf	
	als Zuschlag für die Frau	52 „	
	als Zuschlag für die Tochter	37 „	zus. 272 RPf.
b)	für den Sohn B in der 3. Woche	167 „	
	als Zuschlag für sein Kind	37 „	zus. 204 „
c)	für den Sohn C in der 9. Woche	111 „	111 „
			zus. 587 RPf.
	Zulässig ist aber nur das $2\frac{1}{2}$fache von 183 =		457 „
		demnach zu viel	130 RPf.

Die einzelnen Unterstützungsbeträge müssen deshalb im Verhältnis von 587 : 457 = 4,5 : 3,5 gekürzt werden. Deshalb erhalten als Unterstützung:

a)	der Vater A mit Zuschlägen statt	272 RPf.	nur 212 RPf.
b)	der Sohn B mit Zuschlag statt	204 „	„ 159 „
c)	der Sohn C statt	111 „	„ 86 „
			zus. 457 RPf.
			oder aufgerundet 460 RPf.

Zu **streichen** sind im Handbuch S. 206—208, 212—215. Wegen S. 209—211 vgl. Anm. 1 Abs. 2 hier.

Statistik.

Der Präsident
der Reichsarbeitsverwaltung
(Reichsamt für Arbeits-
vermittlung). Berlin, den 4. Okt. 1926.
Tgb.-Nr. II U 3460/26.

Betrifft: Erwerbslosenstatistik[1]).

Die bisher nach dem Vordruck „Erw. 4" von den öffentlichen Arbeitsnachweisen gelieferten Angaben zur Erwerbslosenstatistik haben sich als nicht ausreichend erwiesen. Sie ließen u. a. nicht erkennen, inwieweit innerhalb der gemeldeten Zahlen der Hauptunterstützungsempfänger ein Wechsel der Personen eingetreten ist. Es fehlten ferner Angaben über die Zahl der Ausgesteuerten und eine Gliederung der Notstandsarbeiter nach der Art der Förderung der Arbeiten. Schließlich ergab sich die Notwendigkeit, die Angaben über die Unterstützungsdauer der Hauptunterstützungsempfänger so zu gliedern, daß auch die Personen mit einer Unterstützungsdauer bis zu 13 Wochen und die bis zu 52 Wochen Unterstützten mit umfaßt werden. Infolgedessen haben die Vereinigten Ausschüsse des Reichsrats eine Erweiterung der Statistik für notwendig bezeichnet.

Im einzelnen bemerke ich zu dem neuen Vordruck „Erwerbslosenstatistik", für den zum Unterschied von den früheren blauen Meldekarten jetzt hellgrüne[2]) Meldekarten zur Einführung gelangen (vgl. Bekanntmachung Nr. 23 im Arbeitsmarkt-Anzeiger Nr. 38 vom 28. September 1926) folgendes:

Geblieben ist die „kleine Meldung“ mit dem Stichtag am 1. jedes Monats. Die Spalten 9 10, 11 und 13 stimmen überein mit den Spalten 1 bis 4 der früheren blauen Karten. Als Hauptunterstützungsempfänger sind auch die nur teilweise Unterstützten (§ 10 Abs. 5 Verordnung über Erwerbslosenfürsorge), diejenigen Erwerbslosen, die das 16., aber noch nicht das 18. Lebensjahr vollendet haben (§ 5 Abs. 1 Satz 2 a. a. O.), die Pflichtarbeiter (§ 14 a. a. O.) und die zur Pflichtarbeit zugelassenen Erwerbslosen unter 18 Jahren (§ 5 Abs. 2 a. a. O.) zu zählen. Zuschlagsempfänger sind die Angehörigen, für welche der Hauptunterstützungsempfänger nach § 3 Abs. 2, § 13 Abs. 3 und § 25 Abs. 1 a. a. O. Zuschläge zur Hauptunterstützung erhält.

Dagegen ist die „große Meldung“ vom 15. jedes Monats wesentlich erweitert worden. Sie ist Stichtagmeldung, soweit sie sich inhaltlich mit der „kleinen Meldung“ deckt und darüber hinaus bezüglich der Fragen in Spalte 1, 2, 12, 14—19. Als Stichtagszählung hat sie für die genannten Spalten lediglich ein Bild nach dem Stand vom 15. des Monats (möglichst für den Zeitpunkt des Dienstschlusses dieses Tags) zu geben. Dagegen ist die „große Meldung“ eine Zeitraumstatistik und umfaßt als solche für die Spalten 3—8 und 21 einen Monat und für Spalte 20 eine Woche.

In den Spalten 3 und 4 sind alle Hauptunterstützungsempfänger zu zählen, die in dem betreffenden Monatszeitraum neu in die Erwerbslosenfürsorge (nicht in die Kurzarbeiterunterstützung) aufgenommen worden sind, wenn auch nur für kurze Zeit und auch, wenn sie im weiteren Verlauf des Berichtsmonats (vom 16. des Vormonats bis zum 15. des laufenden Monats) wieder ausgeschieden sind.

In den Spalten 5 und 6 umfaßt der Begriff „Abgang" alle in dem Monatszeitraum aus der Erwerbslosenfürsorge Ausgeschiedenen z. B. infolge Arbeitsaufnahme, auch bei Notstandsarbeiten, Entziehung der Erwerbslosenunterstützung wegen Arbeitsverweigerung, Erschöpfung der Höchstdauer, Arbeitsunfähigkeit, Fortfall der Bedürftigkeit u. dgl. Zu zählen sind auch diejenigen, die im Berichtsmonat erst in die Fürsorge eingetreten und in ihm wieder ausgeschieden sind.

In den Spalten 7 und 8 sind als „Ausgesteuerte" nur diejenigen Personen zu zählen, denen wegen Erschöpfung der Höchstdauer die Erwerbslosenunterstützung entzogen worden ist. Wird ein unterstützter Erwerbsloser bei Ablauf seiner Unterstützungshöchstdauer in Notstandsarbeiten der Erwerbslosenfürsorge überführt, so ist er nicht Ausgesteuerter.

In Spalte 12 sind die Unterstützungsempfänger unter 18 Jahren (§ 5 Abs. 1, Satz 2 und Abs. 2 a. a. O.) — ohne Notstandsarbeiter — aufzunehmen.

In Spalten 14 und 15 sind nur die anrechnungsfähigen **Notstandsarbeiter** (auch die unter 18 Jahren) zu zählen, vgl. § 6 der Bestimmungen über öffentliche Notstandsarbeiten vom 30. April 1925. **Nicht** als Notstandsarbeiter im Sinne der Bestimmungen vom 30. April 1925 sind zu zählen die Erwerbslosen, welche für Notstandsarbeiten vermittelt werden, die von Gemeinden oder Gemeindeverbänden auf eigene Rechnung ohne Förderung aus der Erwerbslosenfürsorge ausgeführt werden.

In Spalte 16 gehören[3]) auch diejenigen Erwerbslosen, die zwar schon früher längere Zeit als 13 Wochen Erwerbslosenunterstützung bezogen haben, aber danach durch eine krankenversicherungspflichtige Beschäftigung, auch bei Notstandsarbeiten, eine neue Anwartschaft für die Erwerbslosenfürsorge erworben haben und in die Erwerbslosenfürsorge wieder eingetreten sind.

Da möglicherweise eine spätere Erhebung notwendig sein wird, in welchem Umfange Personen durch Einschaltung von Notstandsarbeiten mit dreimonatiger Dauer zu einer Erwerbslosenunterstützung mit mehr als einjähriger Dauer gelangt sind, empfehle ich den Arbeitsnachweisen, sich auf die Beantwortung einer derartigen Anfrage vorzubereiten.

Die in Spalten 16—19 angegebenen Zahlen[3]) werden ihrer Summe nach derjenigen in Spalte 11 entsprechen.

Spalte 20 umfaßt diejenigen Hauptunterstützungsempfänger, die im Laufe der dem Stichtag vorhergehenden Kalenderwoche als **Pflichtarbeiter** beschäftigt waren. Jeder Hauptunterstützungsempfänger ist nur einmal in derselben Woche als Pflichtarbeiter zu zählen, gleichgültig, ob er nur zu einer oder zu mehreren verschiedenen Pflichtarbeiten an einem oder mehreren Tagen herangezogen worden ist. Die Dauer der Pflichtarbeit ist für die Meldung ohne Belang; es ist also auch ein nur wenige Stunden beschäftigter Erwerbsloser als Pflichtarbeiter zu melden.

Die neu eingeführten hellgrünen Karten sind erstmalig für die am 15. Oktober fällige große Meldung zu verwenden. Es ist hierbei also der Zeitraum vom 16. September bis einschließlich 15. Oktober zu berücksichtigen.

Die notwendigen Vordrucke füge ich bei.

Dr. Syrup.

An die öffentlichen Arbeitsnachweise.

[1]) Abgedruckt im RABl. S. 336. Wegen der Statistik für die Krisen- und Kurzarbeiterfürsorge vgl. die Anordnung vom 30. November 1926 (abgedr. S. 70ff.

[2]) Muster der Meldekarte (s. S. 68, 69):

[3]) Der Präsident
der Reichsarbeitsverwaltung Berlin, den 23. Nov. 1926.
Nr. II U 4025/26.

28. Betrifft: **Erwerbslosenstatistik**.

An die
Landesarbeitsämter und öffentlichen Arbeitsnachweise.

Bei Ausfüllung der Spalten 16—19 („Hauptunterstützungsempfänger mit einer Unterstützungsdauer von .... bis ...")

Erwerbslosen

Meldung für den { Landbezirk .... / Stadtbezirk .... }

Für Orte mit 10000 und mehr Einwoh

Am 1. eines jeden Monats ist nur zu melden die Zahl der Hauptun

Am 15. eines jeden Monats

Hauptunterstützungsempfänger

Bestand am 15. des Vormonats		In der Zeit vom 16. des Vormonats Zugang	
männlich	weiblich	männlich	weiblich
1	2	3	4

Hauptunterstützungsempfänger ohne Notstandsarbeiter am Stichtag			
männlich	weiblich	insgesamt	davon unter 18 Jahren
9	10	11	12

Hauptunterstützungsempfänger (Sp. 11) mit einer Unterstützungsdauer			
bis zu 13 Wochen	über 13—26 Woch.	über 26—39 Woch.	über 39—52 Woch.
16	17	18	19

*) Nicht aufzunehmen: Abgaben an Ausgleichskassen, verstärkte Förderung,

statistik.

Stichtag ....

nern sind besondere Karten auszufüllen.
terstützungsempfänger und Zuschlagsempfänger (Spalten 9, 10, 11, 13).
sind alle Spalten auszufüllen.

ohne Notstandsarbeiter

bis zum 15. des laufenden Monats beträgt der			
Abgang (auch zu Notst.-Arbeiten)		davon (Sp. 5 bezw. 6) **Ausgesteuerte**	
männlich	weiblich	männlich	weiblich
5	6	7	8

Zuschlagsempfänger	Notstandsarbeiter	
	insgesamt	davon in Arbeiten mit verstärkter Förderung
13	14	15

Pflichtarbeiter in der dem Stichtag vorhergehenden Kalenderwoche	Kosten*) im Vormonat — 1.—30. (31.) — (Erw.-Unterst., Grundförderung, Krankenversicherungsbeiträge, Verwaltungskosten, Kurzarbeiter-Unterstützung)
20	21

Entschädigung für Pflichtarbeiten (Artikel 7 der Ausführungsvorschriften).

Statistik der Krisenfürsorge (Gesetz

Meldung für den { Landbezirk ....
Stadtbezirk ....

Für Orte mit 10000 und mehr Einwohnern

A. Zahl der Krisenunterstützten	Krisenunterstützte 1) am 15. des Vormonats (**ohne** Notstandsarbeiter) männl.	weibl.
1	2	3
a) die **nach** dem 20. 11. 26 aus der E. F. ausgeschieden sind, weil sie 52 Wochen hindurch E. U. bezogen haben (§ 1 Abs. 1 des Gesetzes vom 19. 11. 26)		
b) die in der Zeit vom 1. 4. bis einschl. 20. 11. 26 wegen Ablaufs der gesetzlichen Unterstützungsdauer aus der E. F. ausgeschieden sind, gleichgültig ob sie von der öffentlichen Fürsorge unterstützt worden sind oder nicht (§ 1 Abs. 2 a. a. O.) . . .		
c) [**für den Fall, daß das Landesamt für Arbeitsvermittlung eine besondere Zulassung ausgesprochen hat**], die **vor** dem 1.4.26 wegen Überschreitung der Höchstdauer aus der E. F. ausgeschieden sind (§ 1 Abs. 3 a. a. O.)		
Zusammen		

B. Zahl der am 15. des Berichtsmonats beschäftigten Notstandsarbeiter,

C. Summe der für Krisenunterstützung aufgewendeten Beträge (einschl.

Anmerkungen:

1) Ohne Zuschlagsempfänger.

2) Erwerbslose, die in die Krisenfürsorge überführt und gleichzeitig in

3) Der Bestand Sp. 9 und 10 muß sich aus dem Bestand Sp. 2 und 3 der Meldung am 15. des nächsten Monats in Sp. 2 bzw. 3 vorzutragen.

4) Einzurechnen sind alle Aufwendungen mit Ausnahme der Verwaltungs

über eine Krisenfürsorge vom 19. 11. 1926).

Abschlußtag ....

sind besondere Vordrucke auszufüllen.

Vom 16. des Vormonats bis zum 15. des Berichtsmonats					Krisenunterstützte [1] [3]) (ohne Notstandsarbeiter)		Zuschlagsempfänger
Zugang [3])		Abgang [2])			am 15. des Berichtsmonats		
				davon (Spalte 6 u. 7) in Notstandsarbeiten **insgesamt**			
männl.	weibl.	männl.	weibl.		männl.	weibl.	
4	5	6	7	8	9	10	11

deren Grundförderung aus der Krisenfürsorge geleistet wird ....

Gemeindeanteil) [4]) im letzten Kalendermonat . . . .

Notstandsarbeiten untergebracht werden, sind bei Zugang und Abgang mitzuzählen.
mehrt um den Zugang und vermindert um den Abgang ergeben; er ist bei der

kosten.

Zahl der unterstützten Kurzarbeiter[1])

(Anordnung über Kurzarbeiterfürsorge vom 20. 2. 1926)

in der dem 1. dieses Monats vorausgegangenen Kalenderwoche,

also vom .... bis ....

im Arbeitsnachweisbezirk ....

mit 3 Ausfalltagen (oder Wochenschichtwechsel)[2])	mit 4 Ausfalltagen	mit 5 Ausfalltagen	Zusammen (Spalte 1—3)	Gezahlte Kurzarbeiterunterstützung für die Berichtswoche RM.
1	2	3	4	5

[1]) Ohne Kurzarbeiter in der Tabakindustrie.

[2]) Auch wenn die Berichtswoche die Arbeitswoche ist (vgl. § 1 Abs. 2 der Anordnung).

Erw. 6.

des neuen grünen Meldevordrucks „Erw. 4" (vgl. Bekanntmachung der Reichsarbeitsverwaltung Nr. 26 vom 2. 11. 26 — II U 3915/26 — im Arbeitsmarkt-Anzeiger Nr. 43) haben sich Zweifel ergeben. Ich bemerke daher, daß bei der anzugebenden Dauer der Unterstützung nur diejenigen Zeiten des Empfangs von E. U. nicht einzurechnen sind, die vor der letzten eine neue Anwartschaft auf E. U. begründenden Tätigkeit (in freier und in Notstandsarbeit) liegen; denn durch Erfüllung der neuen Anwartschaft hat die Frist für die Unterstützungshöchstdauer neu zu laufen begonnen. Dagegen sind Unterstützungszeiträume, die durch andere Gründe, sei es durch Krankheit oder durch eine krankenversicherungspflichtige Arbeit von weniger als 3 Monaten u. a., unterbrochen worden sind, ohne daß eine neue Anwartschaft erworben wurde, für die Angaben in Spalte 16—19 zusammenzurechnen. In diesem Sinne gehören also auch nicht zusammenhängende Zeiten der Gewährung von E. U. zu „dem laufenden Unterstützungsfall". Wenn daher z. B. ein Erwerbsloser, der bereits über 13 Wochen hinaus Unterstützung bezogen hat, nach 14tägiger Arbeit erneut erwerbslos wird, so ist er nicht in Spalte 16, sondern in den Spalten 17—19 zu zählen.

I. V.: Dr. Kaphahn.

Der Präsident
der Reichsarbeitsverwaltung
Nr. II U 4295/26.

Berlin, den 30. Nov. 1926.

29. Betrifft: Statistik[1]) der Krisen- und Kurzarbeiterfürsorge.

An die Landesarbeitsämter
und öffentlichen Arbeitsnachweise.

Über die Krisenfürsorge und über die Kurzarbeiterfürsorge bitte ich, mir künftig regelmäßig mit umstehenden Mustern[2]) — „Erw. 5" und „Erw. 6" — zu berichten. Ich bitte, die Meldungen den Landesämtern (für Bayern und Thüringen: den statistischen Landesämtern) so rechtzeitig einzusenden, daß sie spätestens am 21. desselben Monats der Reichsarbeitsverwaltung vorliegen.

Der erste Berichtszeitraum in der Krisenfürsorge beginnt mit dem Tage des Inkrafttretens des Gesetzes über eine Krisenfürsorge, also mit dem 21. 11. 26. In dem Muster „Erw. 5" ist daher bei der ersten Meldung in den Spalten 4—8 an Stelle des 16. des Vormonats der 21. 11. zu setzen; ferner sind die Spalten 2 und 3 unausgefüllt zu lassen. Die Angabe über die Kosten (C) unterbleibt bei dieser ersten Meldung.

Für die erste Berichterstattung über Kurzarbeiterfürsorge gilt als Berichtswoche ausnahmsweise die Woche vom 13. bis 18. Dezember 1926. Ich wäre dankbar, wenn ich diese Meldungen bis Ende Dezember erhalten würde.

Bei den Meldungen über die Krisenfürsorge ist wie bei der Erwerbslosenstatistik (Vordruck „Erw. 4") für Orte mit 10000 und mehr Einwohnern je ein besonderer Vordruck auszufüllen. Bei den Meldungen über unterstützte Kurzarbeiter umfassen dagegen die Zahlen den ganzen Arbeitsnachweisbezirk.

Die Vordrucke „Erw. 5 und 6" werden den Arbeitsnachweisen im Laufe der nächsten Woche unmittelbar zugehen.

Die Meldungen über die Zahl der unterstützten Erwerbslosen nach dem Stande vom 1. und 15.

jedes Monats mit Vordruck „Erw. 4" werden hierdurch nicht berührt.

J. V.: Dr. Kaphahn.

Vermerk zu obenstehender Bekanntmachung:

Es hat sich als notwendig erwiesen, den Vordruck „Erw. 5" betr. die Statistik der Krisenfürsorge durch Aufnahme einer neuen Spalte 11 für die Zahl der Zuschlagsempfänger zu erweitern und in den Vordruck „Erw. 6" betr. unterstützte Kurzarbeiter den Hinweis aufzunehmen, daß Kurzarbeiter in der Tabakindustrie auf dieser Karte nicht zu melden sind.

1) Abgedr. RABl. S. 398. 2) Abgedr. S. 70—72.

Der Reichsarbeitsminister.
IV. Nr. 15886/26.

Berlin, den 28. Dez. 1926.

An die obersten Landesbehörden
für Erwerbslosenfürsorge.

Betrifft: Unterbrechungen im Bezuge der Erwerbslosenunterstützung.

Infolge der Ungunst des Arbeitsmarktes hat die Höchstdauer der Erwerbslosenfürsorge für fast alle Berufe so weit ausgedehnt werden müssen, daß einschließlich der Verlängerung im Einzelfall, wie sie gemäß § 18 Abs. 3 der Verordnung über Erwerbslosenfürsorge zulässig ist, eine Gesamtbezugszeit von 52 Wochen erreicht werden kann. Diese Entwicklung bringt es mit sich, daß in einer Reihe von Fällen Erwerbslose, die eine kurzfristige Arbeit übernehmen und dann erneut den Antrag auf Erwerbslosenunterstützung stellen, abgewiesen werden. Denn sie können vielfach innerhalb der 12 Monate, die von dem neuen Antrage zurückzurechnen sind, nicht mehr die mindestens dreimonatige krankenversicherungspflichtige, angestelltenversicherungspflichtige oder seemännische Beschäftigung nachweisen, die nach § 4 Abs. 1 a. a. O., Art. 1 der Siebenten Ausführungsverordnung vom 21. Januar 1926 (Reichsgesetzbl. I S. 96) oder § 1 Abs. 1 der Verordnung über die Fürsorge für erwerbslose Seeleute vom 30. Oktober 1924 (Reichsgesetzbl. I S. 722) — nachstehend abgekürzt „§ 4 Abs. 1 usw." — für den erneuten Bezug der Unterstützung erforderlich ist. Hätten sie dagegen die Arbeit nicht übernommen, so wären sie bis zum Ablauf der Höchstbezugsfrist in dem Genuß der Erwerbslosenfürsorge verblieben. Die Verordnung zur Abänderung der Vierten Ausführungsverordnung vom 27. Oktober 1926 (Reichsgesetzbl. I S. 481) beseitigt zwar vielfach die Härten, die sich für arbeitswillige Erwerbslose aus dieser erneuten Prüfung ergeben, führt aber in einem Teile der Fälle nicht zum Ziel. Ich erkläre mich deshalb in Anknüpfung an die Grundsätze, die ich in meinen Bescheiden vom 17. Juli 1925 — IV 6266/25 — (Reichsarbeitsbl. S. 326) und vom 28. August 1925 — IV 7563/25 — (Reichsarbeitsbl. S. 469) dargelegt habe, zunächst für die Zeit bis zum 31. März 1927 mit folgender Regelung[1]) einverstanden:

[1]) Das Rdschr. des RAM. will Klarheit auf dem bisher sehr umstrittenen Gebiete der Auslegung des § 18 der VO. (Höchstdauer der Unterstützung) und seines Verhältnisses zu § 4 (Anwartschaft) schaffen. Nach § 18 Abs. 1 darf einem Erwerbslosen die Unterstützung innerhalb von 12 Monaten höchstens für die Dauer von insgesamt 26 Wochen gewährt werden,

kann aber auf 39 und in Härtefällen auf 52 Wochen verlängert werden. Nahm bisher während der Unterstützungsdauer der Erwerbslose eine Arbeit von höchstens einwöchiger Dauer an, so wurde ihm danach die Unterstützung sofort weitergewährt. Dauerte die Arbeit aber länger, so wurde der Unterstützungsfall unterbrochen, und es mußte vor erneuter Unterstützung geprüft werden, ob die vorgeschriebene Anwartschaft (mindestens dreimonatige kranken- oder angestelltenversicherungspflichtige oder seemännische Beschäftigung, § 4 der VO., Art. 1 der VII. AusfVO., § 1 der VO. über die Fürsorge für erwerbslose Seeleute, Handbuch S. 332, 124, 191) innerhalb der letzten 12 Monate noch nachgewiesen werden konnte und ob außerdem der Erwerbslose in diesem Zeitraum nicht bereits für die zulässige Höchstdauer Unterstützung erhalten hatte. Letzteres konnte nur dadurch festgestellt werden, daß von jedem Tage an, für den Unterstützung gewährt wurde, 12 Monate zurückgerechnet wurde (vgl. das Beispiel im Handbuch S. 387). Nachdem die Unterstützungsdauer fast durchweg auf insgesamt 52 Wochen verlängert worden ist (vgl. die Vorbemerkung zum Krisenfürsorgegesetz S. 6), ergaben sich bei diesen Feststellungen vielfach große Schwierigkeiten und Härten. Ihnen versuchte der RAM. abzuhelfen durch die erweiterte Fassung der IV. AusfVO. (abgedr. S. 92). Sie hätte in vielen Fällen ausgereicht, um eine dem Zwecke der VO. gerecht werdende Entscheidung zu treffen. Durch das jetzige Rdschr. wird ihre Bedeutung wesentlich eingeschränkt.

Das Rdschr. hebt die bisherige Vorschrift der Rückrechnung auf, wonach festzustellen war, ob in den letzten 12 Monaten bereits die zulässige Höchstdauer hindurch Unterstützung gewährt worden war. Es stellt die Lehre von dem Unterstützungszeitraum auf, der grundsätzlich von Anfang bis zu Ende hintereinander abläuft und seinen Abschluß dadurch findet, daß entweder die Höchstfrist erreicht wird oder eine neue Anwartschaft erworben wird (Ziff. IV). Nach dem Rdschr. sind in Zukunft zu unterscheiden die Unterbrechung des Unterstützungsfalles, die Hemmung des Ablaufs der Höchstbezugsfrist und das Ruhen der Unterstützung. Der Unterstützungsfall wird nur noch dadurch unterbrochen, daß der Erwerbslose durch eine zusammenhängende mindestens dreimonatige kranken- oder angestelltenversicherungspflichtige oder seemännische Beschäftigung eine neue Anwartschaft auf Unterstützung erwirbt. Der bisherige Unterstützungsfall ist damit ohne Rücksicht auf die Dauer der bis dahin gewährten Unterstützung abgeschlossen, es beginnt ein neuer Unterstützungszeitraum zu laufen, anfangend mit Woche 1. Tritt dagegen im Laufe der Unterstützungszeit eine Pause ein, durch die eine neue Anwartschaft nicht begründet wird, so ist zu unterscheiden: ist die Pause dadurch veranlaßt worden, daß der Erwerbslose eine Beschäftigung als Arbeitnehmer aufnimmt, die entweder ihrer Art oder ihrer Zeitdauer nach oder in beiden Beziehungen eine neue Anwartschaft nicht begründet, oder daß er durch Krankheit vorübergehend arbeitsunfähig wird und während dieser Zeit Krankengeld bezieht, so wird dadurch der Unterstützungsfall nicht unterbrochen. Vielmehr wird der Ablauf der Höchstbezugsfrist gehemmt, sie läuft während der Zeit der Pause nicht weiter, mit anderen Worten, die Pause gilt für den Unterstützungszeitraum als nicht vorhanden gewesen, nach ihrem Ablauf wird die Unterstützung weiter gezahlt solange, als für diese Berufsgruppe die Höchstdauer läuft; selbstverständlich unter der Bedingung, daß die entscheidende Stelle die Unterstützung für diese Dauer genehmigt hat und die erforderlichen Voraussetzungen noch vorliegen. Dazu ist weiter zu bemerken: obwohl die Zeit der Pause als nicht vorhanden angenommen wird, muß doch, wenn sie durch eine Beschäftigung von sechswöchiger oder längerer Dauer oder durch eine Krankheit von weniger als einer Woche veranlaßt worden ist, mit Rücksicht auf die Bestimmungen des § 9 Abs. 2 der VO. eine Wartezeit von fast durchweg mindestens 3 Tagen eingehalten werden. Hinsichtlich der Höhe des Unterstützungssatzes gilt: Handelt es sich um einen „nicht alleinstehenden" Erwerbslosen und hatte er bereits vor

Eintritt der Pause mindestens 8 Wochen hindurch ununterbrochen Unterstützung bezogen, so erhält er auch fernerhin für die laufende Unterstützungszeit die erhöhten Sätze der Ziff. I 1c, 2c der Anordnung über die Höchstsätze vom 9. November 1926 (abgedr. S. 53).

Tritt die Pause dagegen aus einem anderen Grunde ein (selbständige Beschäftigung, Fehlen einer Voraussetzung für die Gewährung der Unterstützung, selbstverschuldeter Ausschluß aus der Fürsorge), so wird auch dadurch der Unterstützungsfall nicht unterbrochen, es wird aber der Ablauf der Höchstfrist auch nicht gehemmt, vielmehr läuft sie weiter, obwohl der Erwerbslose keine Unterstützung erhält, diese ruht. Dauert die Pause, z. B. eine Haftstrafe, so lange, daß inzwischen die Höchstfrist abgelaufen ist, so scheidet der Erwerbslose aus der Fürsorge aus. Er kann sie erneut erst dann wieder erhalten, wenn er eine neue Anwartschaft erworben hat. Endet die Pause vor Ablauf der Höchstfrist, so erhält der Erwerbslose noch so lange Unterstützung, bis die Höchstdauer für seine Berufsgruppe abgelaufen ist. Wegen der Wartezeit und der Höchstsätze gilt das zuvor Gesagte entsprechend.

I. Wird[1]) der Bezug der Erwerbslosenunterstützung durch eine zusammenhängende[2]) Beschäftigung von mindestens 3 Monaten unterbrochen, die ihrer Art[3]) nach die Anwartschaft[4]) auf Erwerbslosenfürsorge begründet, so ist damit der bisherige Unterstützungsfall abgeschlossen[5]). Ist die Beschäftigung beendet, so beginnt für den Erwerbslosen eine neue[6]) Unterstützungszeit mit neuer[7]) Höchstfrist zu laufen. Spätestens mit Ablauf der Höchstfrist scheidet der Erwerbslose aus der Erwerbslosenfürsorge aus.

[1]) Im Gegensatz zur bisherigen Rechtsauffassung, wonach schon durch eine Beschäftigung von mehr als einwöchiger Dauer

der Unterstützungsfall unterbrochen wurde, ist in Zukunft ein neuer Unterstützungsfall nur noch möglich,

a) wenn der bisherige durch Ablauf der Höchstfrist beendet ist und der Erwerbslose durch eine mindestens dreimonatige Beschäftigung im Sinne der Anm. 3 eine neue Anwartschaft erworben hat,

b) wenn der bisherige Unterstützungsfall durch eine zusammenhängende mindestens dreimonatige Beschäftigung im Sinne der Anm. 3 unterbrochen worden ist. Vgl. auch Ziff. VI Anm. 1.

2) Wenn durch eine Zusammenrechnung mehrerer Beschäftigungszeiten eine dreimonatige Frist erreicht wird, so wird hierdurch gleichwohl der laufende Unterstützungsfall nicht unterbrochen. Die Frist muß zusammenhängend verlaufen sein.

3) Sie muß also entweder krankenversicherungspflichtig nach § 4 der VO. oder angestelltenversicherungspflichtig bei höher bezahlten Angestellten nach Art. 1 der VII. AusfVO. oder eine seemännische Beschäftigung nach § 1 der VO. über die Fürsorge für erwerbslose Seeleute sein (vgl. Handbuch S. 332, 124, 191). Eine Beschäftigung bei Notstandsarbeiten gilt als Beschäftigung im Sinne der RVO., erfüllt also den Tatbestand des § 4 der VO. (vgl. Handbuch S. 236, § 9).

4) Vgl. dazu Handbuch S. 308 Abs. 2.

5) Ohne Rücksicht darauf, wie lange der Erwerbslose bisher unterstützt worden ist.

6) Sie beginnt mit Woche 1, ihre Dauer richtet sich nach der für die einzelnen Berufe festgesetzten Höchstfrist, währt jedoch höchstens bis zur 52. Woche (vgl. Handbuch S. 385 Anm. 3, 388 Anm. 5, hier S. 6).

7) Beispiel: Ein erwerbsloser Textilarbeiter ist 38 Wochen unterstützt und im Anschluß daran 13 Wochen als Notstandsarbeiter bei einer Notstandsarbeit im Sinne der Best. über öff. Notstandsarbeiten vom 30. April 1925 (vgl. Handbuch S. 216 ff.) beschäftigt worden. Dadurch ist der Unterstützungsfall unterbrochen worden, er gilt deshalb als abgeschlossen, der Erwerbs-

lose erhält auf neuen Antrag hin nicht die Unterstützung für die an 52 Wochen noch fehlenden 14 Wochen, vielmehr hat er Anspruch auf 52 Wochen Unterstützung.

II. Tritt im Bezuge der Erwerbslosenunterstützung eine Pause[1]) ein

a) infolge einer Beschäftigung[1]) als Arbeitnehmer[2]), die nicht unter I fällt, also entweder ihrer Art[3]) oder ihrer Zeitdauer[4]) nach oder in beiden[5]) Beziehungen eine neue Anwartschaft[6]) auf Erwerbslosenfürsorge nicht begründet,

b) infolge vorübergehender[7]) Arbeitsunfähigkeit durch Krankheit, während der der Erwerbslose Krankengeld erhält,

so wird der bisherige Unterstützungsfall nicht unterbrochen, sondern der Ablauf der Höchstbezugsfrist gehemmt[8]). Ist die Beschäftigung oder die Krankheit beendet, so erhält der Erwerbslose die Erwerbslosenunterstützung ohne[9]) erneute Prüfung der Voraussetzungen des § 4 Abs. 1 usw. bis[10]) zu derjenigen Anzahl von Tagen weiter, für die er sie ohne die Beschäftigung oder die Krankheit im Höchstfall[11]) noch bezogen[12]) hätte. Nach Ablauf dieser Zeit scheidet er aus der Erwerbslosenfürsorge aus.

[1]) Wie bereits bei Ziff. I bemerkt ist, wird in Zukunft der Unterstützungsfall nur noch unterbrochen durch eine zusammenhängende mindestens dreimonatige kranken- oder angestelltenversicherungspflichtige oder seemännische Beschäftigung. Dadurch wird der Unterstützungsfall abgeschlossen. Im Gegensatz zur früheren Rechtsauffassung ist das nicht mehr der Fall bei anderen Unterbrechungen im Bezuge der Unterstützung. Zur Vermeidung von Unklarheiten werden alle anderen Unter-

brechungen als die in Ziff. I erwähnten deshalb nunmehr als Pausen bezeichnet. Aber auch die Einwirkung der Pausen auf den Unterstützungsfall ist verschieden geregelt nach ihrer Ursache. Ist die Pause verursacht worden durch eine Beschäftigung als Arbeitnehmer im Sinne der Ziff. IIa oder durch eine vorübergehende Arbeitsunfähigkeit nach Ziff. IIb, so wird durch diese Pause der Ablauf der Höchstbezugsfrist nur gehemmt und läuft nach Beendigung der Pause so lange weiter, bis die zulässige Höchstdauer erreicht ist. Bei allen anderen Pausen dagegen ruht die Unterstützung, die Zeit des Ruhens wird aber als Unterstützungszeit gerechnet (vgl. Ziff. III). Die Frage, ob nach einer Pause der Ziff. III noch Unterstützung gewährt werden kann, richtet sich deshalb danach, wie lange der Erwerbslose vor der Pause Unterstützung bezogen hat und welche Zeit durch die Pause verbraucht worden ist. Nur für die etwa noch vorhandene Restzeit darf noch Unterstützung gewährt werden.

[2]) Eine Hemmung tritt nach Ziff. IIa nur ein, wenn der Erwerbslose eine Beschäftigung als Arbeitnehmer aufnimmt. Eine Beschäftigung als selbständiger Unternehmer führt dagegen zum Ruhen der Unterstützung (vgl. Ziff. III).

[3]) Ihrer Art nach begründet eine Beschäftigung als Arbeitnehmer nicht eine Anwartschaft auf Erwerbslosenunterstützung, wenn sie nicht kranken- oder angestelltenversicherungspflichtig im Sinne des § 4 der VO. oder des Art. 1 der VII. AusfVO. oder nicht eine seemännische Beschäftigung im Sinne des § 1 der VO. über die Fürsorge für erwerbslose Seeleute vom 30. Oktober 1924 ist (vgl. Handbuch S. 332, 124, 191). Demnach würde eine Hemmung herbeigeführt werden durch eine Arbeitnehmerbeschäftigung, deren Vergütung über der Pflichtversicherungsgrenze der Krankenversicherung (Monatsvergütung über 225 RM.) oder bei höher bezahlten Angestellten über der Pflichtversicherungsgrenze der Angestelltenversicherung (Monatsvergütung über 500 RM.) liegt.

[4]) Ihrer Zeit nach begründet eine Arbeitnehmerbeschäftigung

eine Anwartschaft auf die Erwerbslosenunterstützung nicht, wenn sie nicht mindestens 3 Monate dauert.

5) Ihrer Art und ihrer Zeit nach begründet eine Beschäftigung eine Anwartschaft z. B. nicht, wenn ein Erwerbsloser eine Aushilfsstelle als höher bezahlter Angestellter mit 550 RM. Monatsvergütung für nur 2 Monate erhält.

6) Vgl. Anm. 3 Satz 1.

7) Gegensatz: dauernde Invalidität, vgl. § 1255 RVO. Das Krankengeld tritt an die Stelle der Erwerbslosenunterstützung.

8) Die Zeit der Pause wird gewissermaßen als nicht vorhanden gewesen angesehen.

9) Denn eine erneute Prüfung ist in Zukunft nur noch erforderlich, wenn der Unterstützungsfall durch eine mindestens dreimonatige anwartschaftsfähige Beschäftigung unterbrochen worden ist (vgl. Ziff. I).

10) Voraussetzung ist selbstverständlich, daß die bewilligende Stelle die Unterstützung für die Höchstbezugsfrist genehmigt hat und die Voraussetzungen vorliegen.

11) Die Höchstbezugsfrist richtet sich nach den dafür erlassenen Anordnungen und der Berufsgruppe (vgl. Vorbemerkung zur Krisenfürsorge S. 6 und § 1 Anm. 6 S. 13).

12) Beispiel: Ein erwerbsloser Metallarbeiter hat Anspruch auf 52 Wochen Unterstützung. Nach 27 Wochen Unterstützung tritt eine Pause durch eine 12wöchige Krankheit ein. Dann erhält er wieder 10 Wochen Unterstützung. Danach tritt eine neue Pause durch eine 9wöchige Beschäftigung bei Notstandsarbeiten ein. Der Ablauf der Höchstbezugsfrist ist also gehemmt worden durch zwei Pausen von 12 + 9 Wochen, Unterstützung ist nur gewährt worden für 27 + 10 = 37 Wochen, demnach kann der Erwerbslose noch 52 — 37 = 15 Wochen Unterstützung erhalten, ohne daß erneut die Voraussetzungen des § 4 der VO. über die Anwartschaftszeit zu prüfen sind. Da die Beschäftigung bei der Notstandsarbeit jedoch länger als 6 Wochen gedauert hat, muß die Wartezeit des § 9 der VO.

eingehalten werden. Wegen der Höhe des Unterstützungssatzes vgl. Ziff. VII.

III. Während[1]) aller übrigen Pausen[2]) (z. B. infolge selbständiger Betätigung, zeitweiliger Verneinung der Bedürftigkeit, zeitweiligen Ausschlusses, Haft[3])) ruht[1]) die Erwerbslosenunterstützung. Der Unterstützungsfall wird zwar ebensowenig unterbrochen wie zu II, der Ablauf der Bezugsfrist wird aber nicht gehemmt, die Frist läuft[1]) vielmehr weiter. Sobald die Frist abgelaufen ist, scheidet der Erwerbslose aus der Erwerbslosenfürsorge aus. Endet die Pause vor dem Ablauf der Frist, so erhält[4]) der Erwerbslose die Unterstützung ohne erneute Prüfung der Voraussetzungen des § 4 Abs. 1 usw. höchstens für die dann noch ausstehende Bezugsdauer, d. h. höchstens bis zu dem Tage weiter, bis zu dem er sie ohne die Unterbrechung[5]) bezogen hätte. Mit diesem Zeitpunkt scheidet er aus der Erwerbslosenfürsorge aus.

[1]) Während bei den Pausen der Ziff. II angenommen wird, daß sie überhaupt nicht vorhanden gewesen sind, wird im Gegensatz dazu bei den Pausen der Ziff. III angenommen, daß die Unterstützung auch während der Zeit der Pause weitergezahlt worden ist. Die Pause wird also als Unterstützungszeit gerechnet, die Unterstützungszeit demnach um die Pause verringert.

[2]) Unter Ziff. III fallen die Pausen, während deren der Erwerbslose nicht als Arbeitnehmer tätig gewesen ist oder die Voraussetzungen für den Unterstützungsbezug überhaupt nicht vorgelegen haben oder die Unterstützung wegen Verschuldens des Erwerbslosen ausgesetzt worden ist (vgl. die Beispiele in Ziff. III).

[3]) Wegen des Verhältnisses dieses Rdschr. zur IV. Ausf.-V. O., insbesondere bei Haft, vgl. 98.

[4]) Vgl. Anm. 1 und Ziff. II Anm. 1, 10, 11.

[5]) Beispiel: Ein Metallarbeiter hat Anspruch auf 52 Wochen Unterstützung Nachdem er sie 18 Wochen bezogen hat, erwirbt er sich 12 Wochen seinen Unterhalt als Althändler. Danach erhält er 5 Wochen wieder Unterstützung. Wegen Verweigerung von Notstandsarbeit wird er 4 Wochen aus der Fürsorge ausgeschlossen. Er beantragt erneut Unterstützung. Bisher hat er sie für 18 + 5 = 23 Wochen erhalten. Da aber die zwei Pausen von 12 + 4 = 16 Wochen als Unterstützungszeit gerechnet werden, sind bereits 23 + 16 = 39 Wochen verbraucht, so daß er nur noch für 52 — 39 = 13 Wochen höchstens unterstützt werden kann.

Würde er nach Ablauf der 5 Unterstützungswochen 26 Wochen in Haft gewesen sein, so würde er die Unterstützung für 18 + 5 = 23 Wochen erhalten haben, dazu würden die zwei Pausen mit 12 + 26 = 38 Wochen zu rechnen sein, so daß der Unterstützungszeitraum bereits nach der 17. Haftwoche abgelaufen wäre. In die Erwerbslosenfürsorge könnte er erst nach Erwerb einer neuen Anwartschaft aufgenommen werden.

IV. Nach meinem Bescheide vom 8. Dezember 1924 — IV 10242/24 — (Reichsarbeitsbl. 1925 S. 2) war bisher mit Rücksicht auf die Worte „innerhalb von 12 Monaten" in § 18 Abs. 1 der Verordnung über Erwerbslosenfürsorge die Höchstbezugsfrist im einzelnen Falle in der Weise zu berechnen, daß für jeden einzelnen Unterstützungstag geprüft werden mußte, ob nicht innerhalb der letzten 12 Monate bereits die zulässige Höchstfrist erreicht war. Nachdem aber eine Gesamtbezugszeit von 52 Wochen, d. h. von fast genau ebenfalls 12 Monaten möglich geworden ist, hat die Bestimmung des § 18 Abs. 1 ihre Bedeutung im wesentlichen verloren. Künftig wird daher die Rückrechnung[1]), und zwar auch für kürzere Gesamtbezugszeiten, zu unterbleiben haben, die Höchstdauer vielmehr so berechnet werden müssen, daß die Unterstützungsperiode von Anfang bis zu Ende hintereinander läuft — gegebenenfalls verlängert um die Zeiten, in denen gemäß II der Fristablauf gehemmt ist — und ihren Abschluß findet, sobald die Höchstfrist erreicht oder gemäß I eine neue Anwartschaft erworben ist.

[1]) Zu streichen sind im Handbuch deshalb S. 386 Abs. 2 und S. 387.

V. Die Einheitlichkeit des Unterstützungsfalles hat in den Fällen II und III zur Folge, daß eine Unterbrechung des Unterstützungsfalles auch dann nicht angenommen werden darf, wenn der Erwerbslose bei Beendigung der Pause nachweisen kann, daß er innerhalb der letzten 12 Monate insgesamt[1]) eine mindestens dreimonatige Beschäftigung gemäß § 4 Abs. 1 usw. ausgeübt hat. Auch in diesem Falle beginnt keine neue Unterstützungszeit, der Erwerbslose erhält vielmehr die Unterstützung nur noch für den Rest seiner laufenden Bezugsperiode und scheidet dann aus der Erwerbslosenfürsorge aus. Hat z. B. ein Erwerbsloser nach 15wöchiger krankenversicherungspflichtiger Beschäftigung 30 Wochen lang Erwerbslosenunterstützung bezogen, dann wieder 6 Wochen gearbeitet und beantragt er nun erneut die Unterstützung, so kann er nicht auf Grund des § 4 Abs. 1 usw., dessen

Voraussetzung er in diesem Falle nachweisen könnte, Unterstützung für neue 52 Wochen beanspruchen, sondern nur für die 22 Wochen, die bei Aufnahme der 6wöchigen Zwischenarbeit noch nicht verbraucht waren.

[1]) Vgl. Ziff. I Anm. 1 und 2. Der bisherige Unterstützungsfall wird nur dann abgeschlossen, wenn der Bezug der Unterstützung durch eine zusammenhängende mindestens dreimonatige kranken- oder angestelltenversicherungspflichtige oder seemännische Beschäftigung unterbrochen wird.

VI. Nach alledem kommt die Anwendung[1]) des § 4 Abs. 1 usw. (einschließlich der Abänderungsverordnung zur Vierten Ausführungsverordnung vom 27. Oktober 1926) und damit der Beginn einer Unterstützungsperiode nur dann in Frage[2]), wenn der Erwerbslose überhaupt noch keine Erwerbslosenunterstützung bezogen hat oder wenn eine frühere Unterstützungsperiode vollständig abgeschlossen ist. Zur Verlängerung der Zwölfmonatsfrist des § 4 Abs. 1 usw. gemäß der Abänderungsverordnung[3]) können dabei Zeiten kurzfristiger Beschäftigung, von Krankheit oder behördlicher Verwahrung nur insoweit dienen, als sie innerhalb dieser Zwölfmonatsfrist liegen. An Zeiten des Bezuges von Erwerbslosenunterstützung brauchen sich dagegen diese Zeiten nicht anzuschließen. Es ist auch ohne Belang, in welchem Teile der Zwölfmonatsfrist sie liegen.

[1]) Bisher mußte die Frage, ob die Anwartschaftszeit erfüllt sei, in jedem Falle geprüft werden, wenn der Unterstützungsfall durch eine mehr als eine Woche dauernde Ge-

legenheitsarbeit unterbrochen worden war. In Zukunft hat die Prüfung nach § 4 der VO. oder Art. 1 der VII. AusfVO. oder § 1 der VO. über die Fürsorge für erwerbslose Seeleute nur einzusetzen, wenn

a) der Erwerbslose überhaupt noch keine Unterstützung bezogen hat oder

b) ein neuer Unterstützungsfall vorliegt, und zwar,

1. weil der frühere durch Ablauf der Höchstbezugsfrist erledigt ist oder

2. weil der frühere durch eine zusammenhängende mindestens dreimonatige Beschäftigung unterbrochen und damit abgeschlossen worden ist.

Zu b 1 gehört auch der Fall, daß der Erwerbslose nach Aufnahme in die Krisenfürsorge die Beschäftigung ausgeübt hat, vgl. Ziff. X.

[2]) Beispiel: Ledige landwirtschaftliche Arbeiterin mit unehelichem Kind, deshalb Härtefall angenommen, Unterstützungsdauer 13 + 13 = 26 Wochen (vgl. Art. 9 Abs. 2 der AusfVorschr. vom 2. Mai 1925, § 18 Abs. 3 der VO., Handbuch S. 65, 389 Anm. 10). Unterstützung ist ihr gewährt worden 23 Wochen, dann ist sie wegen wiederholter Verletzung der Meldevorschriften (vgl. Handbuch S. 382 § 16) auf 4 Wochen aus der Fürsorge ausgeschlossen worden. Der Unterstützungsfall ist nach der 3. Ausschließungswoche abgelaufen, vgl. Ziff. III. Wenn sie deshalb nach Ablauf der Ausschließung 10 Wochen und nach 4 Wochen, während der sie keine Unterstützung erhalten hat, weitere 4 Wochen krankenversicherungspflichtige Beschäftigung geleistet hat, so ist hier Raum für die Prüfung, ob § 4 der VO. erfüllt ist.

[3]) Vgl. die IV. AusfVO. S. 92.

VII. Aus der Einheitlichkeit des Unterstützungsfalles ergibt sich in den Fällen II und III noch, daß einem Erwerbslosen, der bei Beginn der Pause bereits mehr als acht Wochen unterstützt worden

war und deshalb die erhöhten Sätze gemäß den Nummern I 1c, I 2c und II 2 der Anordnung[1]) über die Höchstsätze vom 9. November 1926 (Reichsarbeitsbl. S. 362) erhielt, bei seiner Rückkehr in die Fürsorge dieser Vorteil erhalten bleibt.

[1]) Abgedr. S. 53.

VIII. Dagegen bleibt es bezüglich der Wartezeit bei der ausdrücklichen Bestimmung[1]) des § 9 Abs. 2 Nr. 2 der Verordnung über Erwerbslosenfürsorge. Danach fällt die Wartezeit nur nach einer Beschäftigung von weniger als sechs Wochen oder nach Krankheit von mindestens einwöchiger Dauer fort.

[1]) Vgl. Handbuch S. 357.

IX. Ein Erwerbsloser, der aus der Erwerbslosenfürsorge ausscheidet, geht in die Krisenfürsorge über, wenn die Voraussetzungen des Gesetzes[1]) vom 19. November 1926 (Reichsgesetzbl. I S. 489) erfüllt sind. Andernfalls ist er bei Hilfsbedürftigkeit durch die Wohlfahrtspflege zu betreuen. Zeiten, in denen gemäß III die Bezugsfrist der Erwerbslosenfürsorge weitergelaufen ist, gelten bei Prüfung der Voraussetzungen für die Krisenfürsorge als Unterstützungszeiten[2]).

[1]) Abgedr. und erläutert hier S. 11.

[2]) Vgl. § 1 Anm. 6 S. 13.

X. Die Regelung zu I bis III, V und VIII gilt entsprechend für die Krisenfürsorge. Wird der Bezug der Krisenunterstützung durch eine Beschäftigung unterbrochen, die die Anwartschaft auf

Erwerbslosenfürsorge begründet, so kehrt der Erwerbslose in die Erwerbslosenfürsorge[1]) zurück.

[1]) Vgl. S. 25 Abs. 1.

XI. Die beiden vor Nr. I erwähnten Bescheide, der Rückrechnungsbescheid vom 8. Dezember 1924 — IV 10242/24 — (Reichsarbeitsbl. 1925 S. 2) und der Bescheid vom 4. Mai 1926 — IV 5294/26 — (Reichsarbeitsbl. S. 212) werden aufgehoben.

XII. Diese Regelung gilt, wie schon erwähnt, zunächst für die Zeit bis zum 31. März 1927, und zwar vom 3. Januar 1927 ab, d. h. für alle Unterstützungsfälle, die dann laufen oder an diesem Tage oder später anhängig werden, gleichviel, ob die Unterbrechungen vor dem 3. Januar 1927 liegen oder nicht.

Sie darf, wenn bei dem zuständigen öffentlichen Arbeitsnachweis ein entsprechender Antrag bis Sonnabend, den 29. Januar 1927, gestellt wird, zur Vermeidung besonderer Härten auch nachträglich auf Fälle angewandt werden, in denen seit dem 1. Oktober 1926 der Antrag auf Weitergewährung der Erwerbslosenunterstützung nach den bisherigen Bestimmungen abgelehnt worden ist oder hätte abgelehnt werden müssen. Nachzahlungen dürfen jedoch nicht bewilligt werden. Die Erwerbslosenunterstützung ist vielmehr vom Tage des neuerlichen Antrages an für die etwaige Restdauer zu gewähren. Die Arbeitsnachweisämter sind ferner berechtigt und verpflichtet, die Weitergewährung der Unterstützung zu versagen, wenn inzwischen Änderungen eingetreten sind, die den

Antrag gegenwärtig nicht als begründet erscheinen lassen.

XIII. Die Abänderungsverordnung vom 27. Oktober 1926, in Kraft seit dem 1. November 1926, ist auf diejenigen Anträge anzuwenden, die vom 1. November 1926 an bei den öffentlichen Arbeitsnachweisen gestellt worden sind oder werden. Dagegen braucht nicht etwa die Zeit der kurzfristigen Arbeitsaufnahme, der Krankheit oder der behördlichen Verwahrung nach dem 1. November 1926 zu liegen. Natürlich ist in jedem Falle die Rückrechnung der Zwölfmonatsfrist von dem Zeitpunkt des neuerlichen Antrages aus vorzunehmen.

Dieses Rundschreiben wird im Reichsarbeitsblatt veröffentlicht[1]). Gleichzeitig wird im Nichtamtlichen Teil des Reichsarbeitsblatts ein erläuternder Aufsatz[2]) erscheinen.

In Vertretung:
Dr. Geib.

[1]) Veröffentlicht RABl. 1927 S. 1.

[2]) Vgl. den Aufsatz von Berndt, RABl. 1927 Nichtamtl. Teil S. 11.

Verordnung zur Abänderung der Vierten Ausführungsverordnung zur Verordnung über Erwerbslosenfürsorge vom 4. Juli 1924 (Reichsgesetzbl. I S. 663).

Vom 27. Oktober 1926.

(RGBl. I S. 481, RABl. Amtl. Teil S. 352.)

Auf Grund des § 4 Abs. 2 der Verordnung über Erwerbslosenfürsorge vom 16. Februar 1924 (Reichsgesetzbl. I S. 127) ordne ich mit Zustimmung des Reichsrats und nach Benehmen mit dem Verwaltungsrate des Reichsamts für Arbeitsvermittlung an:

I.

Artikel 1 der Vierten Ausführungsverordnung zur Verordnung über Erwerbslosenfürsorge vom 4. Juli 1924 (Reichsgesetzbl. I S. 663) erhält folgende Fassung:

„In die in § 4 Abs. 1 der Verordnung über Erwerbslosenfürsorge vom 16. Februar 1924 (Reichsgesetzbl. I S. 127) bezeichnete Frist von 12 Monaten[1]) wird diejenige Zeit nicht eingerechnet, während der der Erwerbslose

1. eine Beschäftigung[2]) ausgeübt hat, die ihrer Art[1]) nach die Anwartschaft auf Erwerbslosenfürsorge begründet, aber weniger[3]) als drei Monate gedauert hat, oder
2. durch Krankheit[4]) zeitweise arbeitsunfähig und nachweislich verhindert gewesen ist, eine solche Beschäftigung fortzusetzen, oder

3. auf behördliche Anordnung in einer Anstalt verwahrt[5]) wurde."

II.

Diese Verordnung tritt am 1. November 1926 in Kraft[6]).

Berlin, den 27. Oktober 1926.

Der Reichsarbeitsminister.

Dr. Brauns.

[1]) Nach § 4 Abs. 1 der VO. darf dem Erwerbslosen Unterstützung nur dann gewährt werden, wenn er in den letzten 12 Monaten vor Eintritt der Unterstützungsbedürftigkeit mindestens 3 Monate hindurch eine Beschäftigung ausgeübt hat, in der er gegen Krankheit pflichtversichert war. Durch Art. 1 der VII. AusfVO. vom 21. Januar 1926 ist ihr gleichgestellt worden die Beschäftigung eines Angestellten, der auf Grund des Angestelltenversicherungsgesetzes, jedoch nicht nach der RVO. für den Fall der Krankheit pflichtversichert ist, d. h. des sog. höher bezahlten Angestellten mit einem Jahreseinkommen von mehr als 2700—6000 RM. Erwerbslosen Seeleuten kann nach § 1 der VO. vom 30. Oktober 1924 Unterstützung nur gewährt werden, wenn sie in den letzten 12 Monaten vor Eintritt der Unterstützungsbedürftigkeit mindestens 3 Monate hindurch als Angehörige der Schiffsbesatzung eines deutschen Seefahrzeuges beschäftigt, aber nicht für den Fall der Krankheit pflichtversichert waren (vgl. Handbuch S. 332ff., 124ff., 191).

[2]) Bisher wurde durch jede Arbeit von mehr als einwöchiger Dauer der Unterstützungsfall unterbrochen. Vor Wiederaufnahme in die Fürsorge mußte deshalb stets geprüft werden, ob die Anwartschaft innerhalb der letzten 12 Monate noch erfüllt war. War das infolge der Dauer der Arbeit nicht mehr der Fall, so mußte die Unterstützung versagt werden. Das führte zu Härten und zur Verminderung der Arbeitsfreudigkeit. Hier

wollte die IV. Ausf.-VO. abhelfen. Schon kurze Zeit nach ihrem Inkrafttreten ist jedoch durch ein ergänzendes Rdschr. des RAM. vom 28. Dezember 1926 (abgedr. S. 75) die Rechtslage bei Unterbrechungen im Bezuge der Erwerbslosenunterstützung zum Teil grundlegend geändert worden. Danach kommt die IV. AusfVO. nicht mehr in Frage, wenn eine Beschäftigung im Sinne der Ziff. 1 während eines laufenden Unterstützungsfalles erfolgt. Vielmehr wird, soweit es sich um eine Beschäftigung als Arbeitnehmer handelt, die ihrer Art oder ihrer Dauer nach oder in beiden Beziehungen keine neue Anwartschaft begründet, nach Ziff. II des Rdschr. lediglich der Ablauf der Höchstbezugsfrist gehemmt und nach Beendigung der Beschäftigungspause für die Restzeit die Unterstützung weitergezahlt, der Erwerbslose demnach durch die Arbeitsaufnahme in keiner Weise geschädigt. Soweit es sich um eine selbständige Beschäftigung handelt, ruht dagegen die Unterstützung, die Ruhezeit wird jedoch als Unterstützungszeit gerechnet (vgl. Ziff. III des Rdschr.).

Die Regelung der Ziff. II und III des Rdschr. geht der der IV. AusfVO. vor. Dadurch ist deren Wirksamkeit sehr stark eingeschränkt worden. Denn die Prüfung der Anwartschaft hat nur noch zu erfolgen und deshalb kann die IV. Ausf.-VO. nur noch in Betracht kommen, wenn

a) der Erwerbslose überhaupt noch keine Unterstützung bezogen hat oder
b) ein neuer Unterstützungsfall vorliegt, und zwar,
   1. weil der frühere durch Ablauf der Höchstbezugsfrist erledigt ist oder
   2. weil der frühere durch eine zusammenhängende mindestens dreimonatige anwartschaftsfähige Beschäftigung unterbrochen und damit abgeschlossen worden ist (vgl. die Beispiele zu Ziff. I und VI des Rdschr.).

Zur Rückverlängerung der 12-Monats-Frist können dabei Zeiten kurzfristiger Beschäftigung, von Krankheit oder behördlicher Verwahrung nur insoweit dienen, als sie innerhalb dieser 12-Monats-Frist liegen. An Zeiten des Bezugs von Erwerbslosenunterstützung brauchen sie sich nicht anzuschließen. Es ist auch ohne Belang, in welchem Teile der 12-Monats-Frist sie liegen (vgl. Ziff. VI des Rdschr.).

[3]) Beispiel: X hat vom 1. September bis zum 17. Oktober 1925 und vom 9. November 1925 bis zum 30. Januar 1926 eine krankenversicherungspflichtige, von da an bis zum 30. November 1926 eine nichtkrankenversicherungspflichtige Beschäftigung ausgeübt. Am 1. Dezember 1926 beantragt er Erwerbslosenunterstützung. In den 12 Monaten rückwärts bis zum 2. Dezember 1925 kann er nur 8½ Woche krankenversicherungspflichtige Beschäftigung nachweisen, hat also die Anwartschaft zunächst nicht erfüllt. Hier hilft die IV. AusfVO., indem sie zuläßt, daß die 12-Monats-Frist um die in ihr liegenden 8½ Beschäftigungswochen rückwärts verlängert wird, demnach die 12-Monats-Frist vom 5. Oktober 1925 an gerechnet wird. In dieser Zeit hat X jedoch 3 Monate krankenversicherungspflichtige Beschäftigung gehabt, so daß die Anwartschaft erfüllt ist.

Fällt in die 12-Monats-Frist überhaupt keine anwartschaftsfähige Beschäftigungszeit, so kann naturgemäß eine Verlängerung und damit die Anwendung der IV. AusfVO. nicht in Frage kommen. Vgl. auch Berndt, RABl. 1927 Nichtamtl. Teil S. 13; die Beispiele Wahrburgs, RABl. 1926 Nichtamtl. Teil S. 743, sind durch die Neuregelung durch das Rdschr. des RAM. überholt.

[4]) Eine weitere Härte hat sich in der Praxis bei Erkrankung des Arbeitnehmers herausgestellt. Ein Arbeitnehmer, der durch Krankheit zeitweise arbeitsunfähig und verhindert gewesen ist, seine Beschäftigung fortzusetzen, konnte nach dem bisherigen Rechtszustande dann keine Unterstützung erhalten, wenn er die Voraussetzung der dreimonatigen kranken- oder angestelltenversicherungspflichtigen oder seemännischen Beschäftigung infolge der Krankheit nicht erfüllen konnte. Deshalb sieht die abgeänderte IV. AusfVO. vor, daß in die 12-Monats-

Frist die Zeit nicht eingerechnet wird, während der der Erwerbslose durch Krankheit zeitweise arbeitsunfähig und nachweislich verhindert gewesen ist, eine bereits begonnene Beschäftigung im Sinne der Anm. 1 fortzusetzen. Aber auch hier kann die IV. AusfVO. nur in Frage kommen, wenn die Krankheit nicht in einem laufenden Unterstützungsfalle liegt. Denn in diesem Falle würde nach Ziff. II des Rdschr. des RAM. (vgl. Anm. 2) durch die Krankheit, wenn sie nur vorübergehende Arbeitsunfähigkeit hervorruft und Krankengeld gewährt wird, lediglich der Ablauf der Höchstbezugsfrist gehemmt werden (vgl. S. 81 Anm. 1).

Beispiel: Ein Erwerbsloser hat vom 15. Juni 1925 bis zum 16. Januar 1926 gearbeitet. Dann mußte er die Arbeit aufgeben, da er durch Krankheit arbeitsunfähig wurde. Am 1. November 1926 ist er wieder hergestellt und beantragt Unterstützung. In den letzten 12 Monaten zwischen dem 1. November 1926 und dem 2. November 1925 hat er jedoch nur vom 2. November 1925 bis zum 16. Januar 1926, also nur 11 Wochen krankenversicherungspflichtige Beschäftigung gehabt. Die zur Erreichung der Anwartschaft erforderlichen 13 Wochen konnte er nicht erreichen, da er durch Krankheit zeitweise arbeitsunfähig war und dadurch nachweislich verhindert war, die bereits begonnene krankenversicherungspflichtige Beschäftigung über den 16. Januar 1926 hinaus fortzusetzen. Deshalb wird die 12-Monats-Frist um die in ihr liegende Zeit der Krankheit rückwirkend verlängert. In den 41 Wochen vor dem 2. November 1925 hat er jedoch längere Zeit gearbeitet, so daß dadurch die an der Anwartschaft fehlenden 2 Wochen erfüllt werden und er deshalb in die Erwerbslosenfürsorge aufgenommen werden kann. Eine Wartezeit ist in diesem Falle gemäß § 9 Abs. 2 Ziff. 2 (Eintritt der Unterstützungsbedürftigkeit nach Krankheit von mindestens einwöchiger Dauer) nicht erforderlich.

Der Entwurf der Arbeitslosenversicherung sieht dieselbe Regelung vor.

5) Artikel 1 der IV. AusfVO. vom 4. Juli 1924 (Handbuch S. 82) sah vor, daß in die im § 4 Abs. 1 der VO. bezeichnete Frist von 12 Monaten die Zeitdauer einer von dem Erwerbslosen erlittenen Untersuchungs- oder Strafhaft nicht einzurechnen war. Dadurch soll verhütet werden, daß die Häftlinge bei längerer Dauer der Haft eine vorher ganz oder zum Teil erworbene Anwartschaft auf die Erwerbslosenfürsorge verlieren. Dieser Verlust würde für den Häftling nicht nur „eine unverdiente Strafverschärfung und bei unschuldig erlittener Untersuchungshaft sogar eine ausgesprochene Unbilligkeit bedeuten, sondern auch die Bestrebungen der Haftentlassenenpflege, die dem Entlassenen den Rückweg in die Berufsarbeit ebnen will, erschweren" (aus der Begr. des Entwurfs der Arbeitslosenversicherung Reichstagsdrucksache Nr. 2885 S. 91). Dieser Rechtszustand bleibt bestehen. Die Beschränkung der Ausnahmevorschrift auf die Untersuchungs- oder Strafhaft hat sich jedoch in der Praxis als zu eng erwiesen. Deshalb dehnt die Abänderungsverordnung den Gedanken auf ähnliche Fälle einer behördlich angeordneten Freiheitsentziehung aus und rechnet allgemein die Zeit in die 12-Monats-Frist nicht ein, während der der Erwerbslose auf behördliche Anordnung in einer Anstalt verwahrt worden ist. In Betracht kommen hier namentlich: die Freiheitsentziehung auf Grund einer vorläufigen Festnahme nach § 127 der Strafprozeßordnung, Verwahrung in Schutzhaft, in einer Erziehungs- oder Besserungsanstalt — sei es, daß sie nach § 1666 Abs. 1 des Bürgerlichen Gesetzbuchs vom Vormundschaftsrichter oder nach § 56 Abs. 2 des Strafgesetzbuchs vom Strafrichter oder nach § 362 Abs. 3 Satz 2 des Strafgesetzbuchs von der Landespolizeibehörde angeordnet ist —, die Unterbringung in einem Arbeitshause nach § 362 Abs. 3 Satz 1 des Strafgesetzbuchs oder in einer Irrenanstalt, sei es auf strafrichterliche Anordnung zur Beobachtung nach § 81 der Strafprozeßordnung, sei es auf Grund polizeilicher Verfügung (vgl. Begr. zur Arbeitslosenversicherung S. 91).

Der § 58 der Arbeitslosenversicherung sieht die gleiche Regelung vor.

Durch die Abänderungsverordnung wird in den unter 3 angegebenen Fällen die 12-Monats-Frist, innerhalb derer die Anwartschaft durch eine dreimonatige Beschäftigung erworben worden sein muß, nach rückwärts verlängert um die Frist, in der der Erwerbslose innerhalb der 12 Monate auf behördliche Anordnung in einer Anstalt verwahrt worden ist. Auch hier kommt die IV. AusfVO. aber nur in Frage, wenn die Haft nicht während des Laufes eines Unterstützungsfalles eintritt. In diesem Falle würde nach Ziff. III des Rdschr. des RAM. (vgl. Anm. 2 und S. 84 Anm. 1) die Unterstützung ruhen.

Beispiel: Der Arbeitnehmer X hat vom 1. Oktober 1925 bis 30. Januar 1926 eine krankenversicherungspflichtige Beschäftigung ausgeübt. Vom 1. Februar bis 30. November 1926 ist er in Haft gewesen. Nach der Entlassung beantragt er Erwerbslosenunterstützung. In den letzten 12 Monaten, vom 1. Dezember 1926 an zurückgerechnet bis zum 2. Dezember 1925, kann er nur rd. 2 Monate krankenversicherungspflichtige Beschäftigung nachweisen. Es wird nun die 12-Monats-Frist zurückverlegt um die Haftzeit von 10 Monaten. In dieser erstreckten Frist hat X 3 Monate Beschäftigung gehabt und deshalb Anspruch auf Unterstützung. Allerdings kann er sie nicht sofort erhalten. Denn seine nach der Haftentlassung einsetzende Erwerbslosigkeit ist keine Folge des Krieges oder der durch ihn hervorgerufenen Wirtschaftslage. Er muß deshalb erst eine längere, durchschnittlich vierwöchige Wartezeit durchmachen (vgl. Besch. des RAM. vom 17. Februar 1925, RABl. S. 128). Daß gerade in diesen Fällen eine solche Bestimmung nicht unbedenklich ist, läßt sich nicht leugnen. Hier wird deshalb zunächst die Wohlfahrtspflege einzugreifen haben. Dieselbe Regelung bei der Wartezeit ist auch bei den sonstigen oben angeführten Verwahrungen anzuwenden, da sie im allgemeinen keine Kriegsfolge darstellen.

Im Handbuch sind die Seiten 82—84 zu streichen, es ist auf S. 92 hier zu verweisen.

[6]) Damit tritt die IV. AusfVO. vom 4. Juli 1924 (Handbuch S. 82) außer Kraft. Die Abänderungsverordnung ist auf die Anträge anzuwenden, die vom 1. November 1926 an bei den öffentlichen Arbeitsnachweisen gestellt worden sind oder werden. Dagegen braucht die Zeit der kurzfristigen Arbeit, der Krankheit oder der behördlichen Verwahrung nicht nach dem 1. November 1926 zu liegen. Natürlich ist in jedem Falle die Rückrechnung der 12-Monats-Frist von dem Zeitpunkt des neuerlichen Antrages aus vorzunehmen (vgl. Rdschr. Ziff. XIII S. 91).

Ergänzung der Ausführungsvorschriften zur Verordnung über Erwerbslosenfürsorge.

Vom 22. Januar 1927
(RGBl. I S. 50, RABl. Amtl. Teil S. 27).

Auf Grund[1]) des § 7 Abs. 7 und des § 43 der Verordnung über Erwerbslosenfürsorge vom 16. Februar 1924 (Reichsgesetzbl. I S. 127) in der Fassung des Gesetzes vom 10. Dezember 1926 (Reichsgesetzbl. I S. 493) werden die Ausführungsvorschriften[2]) zur Verordnung über Erwerbslosenfürsorge vom 2. Mai 1925 (Reichsgesetzbl. I S. 63) mit Zustimmung des Reichsrats wie folgt ergänzt.

[1]) Abs. 7 ist durch das Gesetz zur Änderung der VO. vom 10. Dezember 1926 (abgedr. S. 35) eingefügt worden. Dadurch wird der RAM. ermächtigt, mit Zustimmung des Reichsrats Vorschriften zu erlassen, durch die eine gleichmäßige Prüfung der Bedürftigkeit sichergestellt wird und Härten ausgeschlossen werden.

[2]) Abgedr. Handbuch S. 55ff.

I.

Hinter Artikel 3 wird eingefügt:

Artikel 3a.

(Zu § 7 Abs. 1 bis 3 und 7.)

Der Kreis[1]) der Familienangehörigen eines Erwerbslosen, deren Einnahmen[2]) bei der Prüfung[3]) seiner Bedürftigkeit und bei der Anrechnung[3]) auf die Erwerbslosenunterstützung zu berücksichtigen sind, beschränkt[1]) sich auf Voreltern, Eltern, Abkömmlinge[4]) und den Ehegatten, alle diese, soweit sie mit dem Erwerbslosen in einem Haushalt[5]) leben. Die Einnahmen anderer[6]) Familienangehörigen bleiben sowohl für die Prüfung der Bedürftigkeit als auch für die Anrechnung außer Betracht.

[1]) Nach Art. 1 Ziff. 2 des Gesetzes vom 10. Dezember 1926 (abgedr. S. 41) kann der RAM. den Kreis der Familienangehörigen, deren Einnahmen bei der Prüfung der Bedürftigkeit des zu Unterstützenden zu berücksichtigen sind, einschränken. Vgl. S. 42 Anm. 1. Art. 3a beschränkt demgemäß diesen Kreis dahin, daß bei der Prüfung der Bedürftigkeit und der Anrechnung auf die Erwerbslosenunterstützung nur noch berücksichtigt werden die Einnahmen der Voreltern, Eltern, Abkömmlinge und des Ehegatten. Der Kreis der Familienangehörigen wird also beschränkt auf den Kreis derer, die nach bürgerlichem Recht gegenseitig unterhaltspflichtig und unterhaltsberechtigt sind. Das sind nach §§ 1601ff. BGB. die Verwandten in gerader Linie und nach § 1360 der Ehegatte. Nicht unterhaltspflichtig sind einander die Seitenverwandten, also nicht die Geschwister, ebenso nicht die Verschwägerten, demnach nicht Schwiegereltern und Schwiegerkinder, nicht Stiefvater und Stiefkind; § 3 Abs. 2 Satz 3 der VO. ist für Art. 3a ohne Bedeutung. Ein uneheliches Kind ist nicht mit dem

außerehelichen Vater verwandt, sondern nur mit der Mutter, kommt also nur bei deren Erwerbslosigkeit in Betracht.

Die Einnahmen werden aber nur dann berücksichtigt, wenn diese Angehörigen mit dem Erwerbslosen in einem Haushalte leben, deshalb z. B. nicht Einnahmen einer nach § 1361 BGB. getrennt lebenden Ehefrau. Die Einnahmen anderer Familienangehörigen bleiben außer Betracht, auch wenn sie mit dem Erwerbslosen in einem Haushalte leben.

[2]) Vgl. Handbuch S. 352 Anm. 3.

[3]) Zu unterscheiden ist die Berücksichtigung der Einnahmen bei der Prüfung der Bedürftigkeit und der Anrechnung auf die Unterstützung. Zunächst ist festzustellen, welche Einnahmen im Haushalte des Erwerbslosen für ihn selbst und (oder) für unterhaltsberechtigte und -verpflichtete Familienangehörige nach Anm. 1 in Betracht kommen. Dann ist zu prüfen, ob diese Einnahmen (Gesamteinnahmen) die in Art. 3b Ziff. 1—4 angegebenen Grenzen erreichen oder überschreiten. In diesem Falle ist Bedürftigkeit nicht anzunehmen und deshalb Unterstützung nicht zu gewähren. Wird die Grenze nicht erreicht, so ist zu prüfen, welche Gesamtsumme die Einnahmen (Gesamteinnahmen) + Erwerbslosenunterstützung ergeben, dann ist gegebenenfalls die Unterstützung nach Art. 3b zu kürzen. Vgl. dazu Art. 3b Anm. 1.

[4]) Abkömmlinge sind die Verwandten absteigender Linie, die Nachkommen, nicht nur die Kinder, sondern auch die Enkel usw. Ihnen rechtlich gleichgestellt sind durch die nachfolgehende Ehe legitimierte oder für ehelich erkärte sowie an Kindesstatt angenommene Kinder (§§ 1719, 1723, 1736, 1737, 1757 BGB.). Durch die Ehelichkeitserklärung wird jedoch lediglich ein Verwandtschaftsverhältnis zum Vater, durch die Annahme zum Annehmenden begründet.

[5]) Vgl. Handbuch S. 352 Anm. 4.

[6]) Vgl. Anm. 1.

Artikel 3b.

(Zu § 7 Abs. 1 bis 4 und 7.)

(1) Einnahmen[1]) eines Erwerbslosen, die bei Prüfung der Bedürftigkeit zu berücksichtigen sind, sind nur insoweit auf die Erwerbslosenunterstützung anzurechnen, als diese Einnahmen zusammen mit der Erwerbslosenunterstützung das durchschnittliche Arbeitsentgelt[2]) am Wohnort des Erwerbslosen übersteigen.

(2) Als durchschnittliches Arbeitsentgelt gilt in jeder Kalenderwoche das Sechsfache[3]) des Ortslohns[4]), der gemäß den §§ 149 bis 152 der Reichsversicherungsordnung[5])[6]) für den Erwerbslosen maßgebend ist. Sind im Bezirk einer Einzelgemeinde für Personen gleichen Alters und Geschlechts verschiedene Ortslöhne festgesetzt, so kann der Verwaltungsausschuß des öffentlichen Arbeitsnachweises bestimmen, daß eine Festsetzung, die für einen Teil des Gemeindebezirkes gilt, auch für einen anderen Teil oder den ganzen Bezirk gilt.

(3) Leben Voreltern, Eltern, Abkömmlinge oder Ehegatten mit dem Erwerbslosen in einem gemeinschaftlichen Haushalt, so erhöht[7]) sich das Arbeitsentgelt (Abs. 1)

a) bei den Angehörigen, die selbst Einnahmen aus eigener Beschäftigung[8]) haben, um diese Einnahmen, jedoch höchstens um den Ortslohn, der für die Angehörigen maßgebend[9]) ist,

b) bei den übrigen Angehörigen um den doppelten Betrag der Familienzuschläge[10]), die der Erwerbslose für sie bezieht oder im Falle des Vorliegens der gesetzlichen Voraussetzungen beziehen würde.

(4) Haben Eltern, Voreltern, Abkömmlinge oder Ehegatten, die mit dem Erwerbslosen in einem gemeinschaftlichen Haushalt leben, selbst Einnahmen, so sind diese wie eigene Einnahmen des Erwerbslosen zu behandeln und nur insoweit auf die Unterstützung anzurechnen, als sie die in den Absätzen 1 bis 3 genannten Grenzen übersteigen[11]).

(5) Der Verwaltungsausschuß des öffentlichen Arbeitsnachweises kann anordnen[12]), daß Einnahmen aus Gelegenheitsarbeit nicht nach § 7 Abs. 4 der Verordnung über Erwerbslosenfürsorge, sondern nach den Absätzen 1 bis 4 dieses Artikels anzurechnen sind.

(6) Einnahmen aus Besitz[12]) (z. B. Zinsen, ersparte Wohnungsmiete, landwirtschaftliche Erzeugnisse) sind abweichend von den Absätzen 1 bis 4 auf die Erwerbslosenunterstützung unbeschränkt anzurechnen. Jedoch sind hierbei die notwendigen Aufwendungen (z. B. Werbungskosten)[13]) abzuziehen. Einnahmen aus Ansprüchen, die der Aufwertung nach dem Aufwertungsgesetz[14]) unterliegen, sowie die Vorzugsrente auf Grund des Anleiheablösungsgesetzes[15]) bleiben bis zum Gesamtbetrage[16]) von 270 Reichsmark für das Jahr außer Ansatz.

[1]) I. Die Art. 3a bis 3c stellen Richtlinien zur Beurteilung der Frage auf, inwieweit selbst bei Besitz oder Einkommen noch Bedürftigkeit angenommen werden und deshalb Erwerbslosenunterstützung gewährt werden darf. Der § 7 der VO. regelt in der Hauptsache die Frage der Anrechnungsfähigkeit von Einnahmen, während er richtiger vom Besitz als zuerst

zu prüfender Voraussetzung ausgegangen wäre; denn auf ihm beruht ein erheblicher Teil der Einnahmen, die hier zu berücksichtigen sind. Vom Besitz spricht § 7 lediglich insofern, als er in Abs. 6 bestimmt bezeichnete Vermögensteile als „kleineren Besitz" bezeichnet, der für die Beurteilung der Bedürftigkeit nicht in Betracht gezogen werden darf. Diesem Aufbau des § 7 müssen sich die AusfVorschr. anschließen. Zunächst ist aber selbstverständlich zu prüfen, ob der Erwerbslose Besitz von solchem Umfange hat, daß er sich damit während der Zeit der Erwerbslosigkeit selbst erhalten kann, indem er ihn durch Verbrauch, Beleihung oder Verkauf verwertet. Hier bestimmt § 7 Abs. 6 der VO., daß für die Beurteilung der Bedürftigkeit nicht in Betracht gezogen werden darf der sog. „kleinere Besitz". Als Beispiele führt die VO. an: Spargroschen und Wohnungseinrichtungen. Art. 3c ergänzt diese Beispiele und führt als kleineren Besitz an: angemessenen Hausrat und ein kleines Hausgrundstück, das der Erwerbslose ganz oder zum größten Teil mit seinen Angehörigen bewohnt. Er gibt dabei in Satz 2 dem Verwaltungsausschusse des öff. Arbeitsnachweises die Ermächtigung, mit Zustimmung der obersten Landesbehörde oder der von ihr bestimmten Stelle besondere Wertgrenzen festzusetzen, bis zu denen ein Hausgrundstück noch als kleinerer Besitz anzusehen ist.

Die Verwertung des Besitzes darf nur verlangt werden, wenn sie nicht eine unbillige Härte für den Erwerbslosen oder seine in Art. 3a genannten Angehörigen darstellt. „Dabei ist insbesondere die Lebenshaltung des Erwerbslosen zu berücksichtigen." Die Verwertung des Besitzes wird also nur in beschränktem Umfange verlangt. Der Grundsatz ist richtig, er will den Erwerbslosen nicht der Grundlage seines wirtschaftlichen und sozialen Lebens berauben, er will ihn nicht entwurzeln. Die Einfügung der Beispiele in Art. 3c machte sich besonders notwendig, seit durch die VII. AusfVO. (vgl. Handbuch S. 124) auch die höher bezahlten Angestellten in die Erwerbslosenfürsorge aufgenommen worden sind.

Zu prüfen ist aber auch, ob die in Art. 3a genannten Familienangehörigen Besitz von solchem Umfange haben, daß sie bei Erfüllung ihrer Unterhaltspflicht gegenüber dem Erwerbslosen dessen Bedürftigkeit beheben können.

II. Neben dem Besitz sind die Einnahmen zu prüfen, darunter auch die Einnahmen aus dem Besitz, um festzustellen, ob sie es dem Erwerbslosen ermöglichen, sich während der Zeit der Erwerbslosigkeit selbst zu erhalten. Dabei sind verschieden zu beurteilen die Fälle, wo der Erwerbslose allein ist oder wo er noch Familienangehörige im Sinne des Art. 3a in seinem Haushalt hat, die keine Einnahmen haben, und solche, die selbst Einnahmen haben, und zwar aus eigener Beschäftigung.

Vorab aber sind auszuscheiden die Einnahmen, die in keinem Falle zu berücksichtigen sind. Völlig anrechnungsfrei und demgemäß bei Prüfung der Bedürftigkeit nicht zu berücksichtigen sind nach § 7 Abs. 5 der VO.:

a) Unterstützungen, die der Erwerbslose auf Grund eigener Vorsorge für den Fall der Arbeitslosigkeit bezieht, das sind vor allem Unterstützungen der Gewerkschaften (vgl. Handbuch S. 356 Anm. 18),

b) die Leistungen der Wochenhilfe (§ 195a RVO.), der Familienwochenhilfe (§ 205a RVO.), der Wochenfürsorge auf Grund der VO. über die Fürsorgepflicht (eingefügt durch Gesetz vom 10. Dezember 1926, vgl. hier S. 36),

c) die Zusatzrente, die auf Grund der §§ 88—95 des Reichsversorgungsgesetzes in der Fassung der Bekanntmachung vom 31. Juli 1925 (RGBl. I S. 165) gewährt wird.

Alle übrigen Einnahmen sind bei Prüfung der Bedürftigkeit zu berücksichtigen. Als Grenze, bis zu der Bedürftigkeit angenommen werden kann, bezeichnet Art. 3b Abs. 1 für die Kalenderwoche das Sechsfache des täglichen Ortslohnes, der gemäß den §§ 149—152 RVO. festgesetzt wird. Diese Grenze gilt nur, wenn der Erwerbslose „allein steht", d. h. keine Angehörigen im Sinne des Art. 3a in seinem Haushalte hat. Erreichen oder übersteigen die Einnahmen diese Freigrenze, so kann Bedürftigkeit nicht mehr angenommen und deshalb Unterstützung nicht gewährt werden. Erreichen sie die Grenze nicht, dann sind diese Einnahmen nur insoweit auf die Erwerbslosenunterstützung anzurechnen, als sie zusammen mit der Erwerbslosenunterstützung in der Kalenderwoche das Sechsfache des Ortslohns nach Art. 3b Abs. 2 übersteigen. Vgl. Anm. 11 Beisp. a.

Unbeschränkt anzurechnen sind ohne Rücksicht auf die Grenzen der Abs. 1—4 nach Abs. 6 Einnahmen aus Besitz, z. B. Zinsen, ersparte Wohnungsmiete, landwirtschaftliche Erzeugnisse, jedoch sind vorher die notwendigen Aufwendungen (z. B. Werbungskosten) abzuziehen. Einnahmen aus Ansprüchen, die der Aufwertung nach dem Aufwertungsgesetz unterliegen, sowie die Vorzugsrente auf Grund des Anleiheablösungsgesetzes bleiben bis zum Gesamtbetrage von 270 RM. für das Jahr außer Ansatz (vgl. Anm. 14). Zur Hälfte ihres Betrages sind nach den Abs. 1—4 auf die Erwerbslosenunterstützung anzurechnen Unterstützungen, die der Erwerbslose auf Grund eigener oder fremder Vorsorge bezieht, sowie Rentenbezüge. Vgl. Handbuch S. 353 Anm. 10ff. Wegen der Abfindungen vgl. Handbuch S. 323.

Was der Erwerbslose durch Gelegenheitsarbeit verdient, wird nur dann nicht auf die Erwerbslosenunterstützung angerechnet, wenn der Verdienst in einer Kalenderwoche 10 % der dem Erwerbslosen bei voller Erwerbslosigkeit zustehenden Hauptunterstützung zuzüglich der Familienzuschläge nicht übersteigt. Andernfalls wird der Mehrbetrag zu 60 % angerechnet (§ 7 Abs. 4 der VO.). Nach Art. 3b Abs. 5 kann jedoch der Verwaltungsausschuß anordnen, daß abweichend davon Einnahmen aus Gelegenheitsarbeit nach Art. 3b Abs. 1—4 angerechnet werden, d. h. wie andere Einnahmen behandelt werden.

Leben mit dem Erwerbslosen in einem gemeinschaftlichen Haushalt Voreltern, Eltern, Abkömmlinge oder der Ehegatte und haben diese selbst keine Einnahmen, so erhöht sich der

Bedarfssatz des Hauptunterstützungsempfängers, das Sechsfache des Ortslohns, in der Kalenderwoche um den doppelten sechsfachen Betrag der Familienzuschläge, die der Erwerbslose für sie bezieht oder im Falle des Vorliegens der gesetzlichen Voraussetzungen beziehen würde (vgl. Anm. 11 Beisp. c). Haben jedoch alle oder einzelne dieser Angehörigen selbst Einnahmen aus eigener Beschäftigung, so erhöht sich für sie der Ortslohn des Hauptunterstützungsempfängers um diese Einnahmen, jedoch höchstens um den Ortslohn, der für diese Angehörigen maßgebend ist. Die Einnahmen dieser Familienangehörigen sind ebenso wie die Einnahmen des Hauptunterstützungsempfängers zu behandeln und nur insoweit auf die Unterstützung anzurechnen, als sie die in Art. 3b Abs. 1—3 genannten Grenzen übersteigen. Vgl. Anm. 11 Beisp. b.

[2]) Als durchschnittliches Arbeitsentgelt bezeichnet Abs. 2 den sechsfachen Betrag des Ortslohnes in der Kalenderwoche.

[3]) Das Sechsfache ist zu berechnen, um denselben Maßstab wie bei der Erwerbslosenunterstützung zu erhalten, die auch für 6 Tage gewährt wird (vgl. Handbuch S. 364 § 11).

[4]) Der Ortslohn eignet sich, wie die Begründung sagt, deshalb als obere Grenze, weil er einerseits die örtlichen Entlohnungsverhältnisse berücksichtigt, anderseits die erforderliche Vereinheitlichung der verschiedenen Löhne schafft und einen objektiven Maßstab darstellt; er ist so hoch bemessen, daß die Bedürftigkeit eines alleinstehenden Erwerbslosen in der Regel als behoben anzusehen ist, wenn Beträge in Höhe des Ortslohnes freigelassen werden.

[5]) Die RVO. bestimmt über den Ortslohn in den §§ 149 bis 152:

§ 149: Als Ortslohn gilt der ortsübliche Tagesentgelt gewöhnlicher Tagarbeiter.

Das Oberversicherungsamt setzt den Ortslohn fest und macht ihn öffentlich bekannt. Vorher werden die Vorstände der beteiligten Versicherungsanstalten gehört; das Versicherungsamt hat sich nach Anhörung der Gemeindebehörden und der Vorstände der beteiligten Krankenkassen gutachtlich zu äußern.

§ 150: Der Ortslohn wird für Männer und Frauen, für Versicherte unter sechzehn Jahren, von sechzehn bis einundzwanzig Jahren und über einundzwanzig Jahre besonders festgesetzt.

Die Versicherten unter sechzehn Jahren (Jugendliche) können dabei in junge Leute von vierzehn Jahren an und Kinder unter vierzehn Jahren geschieden werden; Lehrlinge zählen zu den jungen Leuten.

Im übrigen wird der Ortslohn einheitlich nach dem Durchschnitte für den ganzen Bezirk jedes Versicherungsamts festgesetzt. Ausnahmen sind zulässig, wenn die Lohnhöhe in einzelnen Ortschaften oder zwischen Stadt und Land erheblich abweicht.

§ 151: Die Ortslöhne werden gleichzeitig im ganzen Reiche für Zeiträume festgesetzt, die der Reichsarbeitsminister bestimmt. Änderungen in der Zwischenzeit gelten nur bis zur nächsten allgemeinen Festsetzung; sie treten an dem vom Oberversicherungsamte bestimmten Tage in Kraft.

§ 152: Der Reichsarbeitsminister veröffentlicht im Reichsministerialblatt (Zentralblatt für das Deutsche Reich) mindestens alljährlich eine Liste der inzwischen vorgenommenen Änderungen.

[6]) Für Thüringen: Nach der Bekanntm. vom 6. Januar 1926 (Amts- u. Nachr.-Bl. Teil II S. 33) hat das Thür. Oberversicherungsamt Gotha mit Wirkung vom 15. Januar 1926 an für alle Versicherungsamtsbezirke des Landes Thüringen den Ortslohn wie folgt festgesetzt:

für männliche Tagarbeiter über 21 Jahre 3,40 RM.,
für weibliche Tagarbeiter über 21 Jahre 2,30 RM.,
für männliche Tagarbeiter von 16—21 Jahren 2,65 RM.,
für weibliche Tagarbeiter von 16—21 Jahren 1,80 RM.,
für männliche Tagarbeiter unter 16 Jahre 1,60 RM.,
für weibliche Tagarbeiter unter 16 Jahre 1,45 RM.

[7]) Nur die in Abs. 3 genannten Personen werden bei Erhöhung der Freigrenze berücksichtigt, vgl. Art. 3a Anm. 1, 4.

[8]) Die Erhöhung nach Abs. 3 Buchst. a kommt nur dann in Frage, wenn diese Angehörigen Einnahmen aus eigener Beschäftigung haben. Haben sie Einnahmen aus anderen Quellen, z. B. Rentenbezüge, so richtet sich die Erhöhung der Freigrenze nach Buchst. b.

[9]) Vgl. Anm. 5, 6.

[10]) Vgl. Ziff. I 3 der Anordnung über die Höchstsätze vom 9. November 1926, abgedr. S. 53.

[11]) Beispiele für die Anrechnung von Einnahmen:

a) Alleinstehender Erwerbsloser im Bezirk des Oberversicherungsamts Berlin,

Ortslohn wöchentlich	24,— RM.
Erwerbslosenunterstützung	12,30 „
anrechnungsfrei bleiben Einnahmen bis zu	11,70 RM.

b) Erwerbsloser Ehemann in Hamburg mit Ehefrau, die aus eigener Beschäftigung einen Wochenlohn von 12 RM. zieht,

Ortslohn für Ehemann . . 4,80 × 6 =	28,80 RM
Wochenlohn der Frau (vgl. Art. 3b Abs. 3a, der Ortslohn wäre 19,20) .	12,— „
	40,80 RM.
Erwerbslosenunterstützung für den Mann in der 8. Woche	10,68„ „
anrechnungsfrei bleiben Einnahmen bis zu	30,12 RM.

c) Erwerbsloser Ehemann in Weimar, Familienangehörige: nicht erwerbstätige Frau, erwerbstätiger Sohn von 20 Jahren mit Wochenverdienst von 18 RM., ein Kind.

Ortslohn für den Mann (vgl. Anm. 6)	3,40	RM. täglich
Doppelter Frauenzuschlag für die Frau (Art. 3b Abs. 3b) .	1,04	" "
Ortslohn für den Sohn (Art. 3b Abs. 3a)	2,65	" "
Doppelter Kinderzuschlag für das Kind (Art. 3b Abs. 3b)	0,74	" "
	7,83	RM. täglich
mal 6 =	46,98	RM. wöchentlich.

Erwerbslosenunterstützung für den Mann in der 9. Woche	1,83	RM. täglich
Zuschlag für die Frau . . .	0,52	" "
Zuschlag für das Kind . . .	0,37	" "
	2,72	RM. täglich
mal 6 =	16,32	RM. wöchentlich

Bedürftigkeitsgrenze nach Art. 3b . . =	46,98 RM.
Erwerbslosenunterstützung . . . . . =	16,32 "
anrechnungsfrei bleiben Einnahmen bis zu	30,66 RM.

[12]) Vgl. Anm. 1.

[13]) Vgl. § 16 des Einkommensteuergesetzes vom 10. August 1925 (RGBl. I S. 189): „Werbungskosten sind die zur Erwerbung, Sicherung und Erhaltung der Einkünfte gemachten Aufwendungen."

[14]) Vgl. § 84 des Gesetzes über die Aufwertung von Hypotheken und anderen Ansprüchen (Aufwertungsgesetz) vom 16. Juli 1925 (RGBl. I S. 117): „Bei der Festsetzung einer Unterstützung öffentlich-rechtlicher Art bleibt das Einkommen des Hilfsbedürftigen aus Ansprüchen, die der Aufwertung nach diesem Gesetz unterliegen, außer Ansatz, soweit es den Betrag von 270 Reichsmark für das Jahr nicht übersteigt. Erhält der Hilfsbedürftige zugleich eine Vorzugsrente nach Maßgabe der §§ 18 bis 26, 37 des Gesetzes über die Ablösung öffentlicher

Anleihen, so bleiben die im Satz 1 bezeichneten Einnahmen und die Vorzugsrente bis zum Gesamtbetrage von 270 Reichsmark für das Jahr außer Ansatz."

[15]) Vgl. §§ 18—26, 37 des Gesetzes über die Ablösung öffentlicher Anleihen vom 16. Juli 1925 (RGBl. I S. 137). § 26 sieht die gleiche Regelung wie § 84 des Aufwertungsgesetzes vor.

[16]) Die Einnahmen aus den beiden Gesetzen können einzeln bis zum Betrage von 270 RM. für das Jahr frei bleiben. Fließen die Einnahmen jedoch aus beiden Quellen, so beträgt die Freigrenze insgesamt auch nur 270 RM.

Artikel 3c.
(Zu § 7 Abs. 6.)

(1) Als kleinerer Besitz[1]), der für die Beurteilung der Bedürftigkeit nicht in Betracht gezogen werden darf, gilt außer den im § 7 Abs. 6 der Verordnung über Erwerbslosenfürsorge genannten Beispielen (Spargroschen, Wohnungseinrichtungen) insbesondere angemessener Hausrat oder ein kleines Hausgrundstück, das der Erwerbslose ganz oder zum größten Teil mit seinen Angehörigen bewohnt. Der Verwaltungsausschuß des öffentlichen Arbeitsnachweises kann mit Zustimmung der obersten Landesbehörde oder der von ihr bestimmten Stelle besondere Wertgrenzen festsetzen, bis zu denen ein Hausgrundstück noch als kleinerer Besitz anzusehen ist.

(2) Die Verwertung des Besitzes darf nicht verlangt werden, wenn sie eine unbillige Härte für den Erwerbslosen oder seine oben genannten Angehörigen bedeuten würde. Dabei ist insbesondere die Lebenshaltung des Erwerbslosen zu berücksichtigen[1]).

[1]) Vgl. Art. 3a Anm. 1. Art. 3c will Härten und Schwierigkeiten beseitigen, wie sie sich bei der Durchführung der Bedürftigkeitsprüfung insbesondere in ländlichen Bezirken ergeben haben. Er lehnt sich z. T. an Grundsätze der VO. über die Fürsorgepflicht vom 13. Februar 1924 (RGBl. I S. 100) an. Grundsätzlich werden die Werte, deren Verbrauch oder Verwertung nach § 15 der Reichsgrundsätze über Voraussetzung, Art und Maß der öff. Fürsorge vom 4. Dezember 1924 (RGBl. I S. 765) bei der Fürsorge für die Kleinrentner nicht gefordert werden soll, auch bei der Prüfung der Bedürftigkeit eines Erwerbslosen außer Betracht bleiben. Neben den im § 1 Abs. 6 der VO. genannten Beispielen sind dies insbesondere ein kleines Hausgrundstück, das der Erwerbslose ganz oder teilweise mit seinen Angehörigen bewohnt, angemessener Hausrat, Familien- und Erbstücke, deren Entäußerung den Bedürftigen besonders hart treffen würde oder deren Verkehrswert außer Verhältnis zu dem Werte steht, den sie für den Bedürftigen oder seine Familie haben, ferner Gegenstände, die zur Befriedigung geistiger Bedürfnisse dienen und deren Besitz nicht Luxus ist.

II.

Artikel 7 Abs. 1 erhält folgenden zweiten Satz: Regelmäßige Arbeiten[1]), die fortlaufend die Arbeitstätigkeit eines Arbeitnehmers beanspruchen, dürfen nicht im Wege der Pflichtarbeit ausgeführt werden.

[1]) Die Begründung des Regierungsentwurfs sagt dazu:

„Hinsichtlich der Pflichtarbeit (§ 14 der Verordnung über Erwerbslosenfürsorge) bestimmt bereits jetzt Artikel 7 Abs. 1 der Ausführungsvorschriften vom 2. Mai 1925 (Reichsgesetzbl. I S. 63), daß den Erwerbslosen nur solche Arbeiten zugewiesen werden dürfen, die sonst überhaupt nicht oder nicht zu dieser Zeit oder nicht in diesem Umfange ausgeführt werden würden. Dieser Vorschrift widerspricht es, wenn regelmäßige Arbeiten im Wege der Pflichtarbeit ausgeführt werden, die fortlaufend die Arbeitstätigkeit eines Arbeitnehmers beanspruchen. Ein solcher Fall ist beispielsweise gegeben, wenn eine Gemeinde laufende Büroarbeiten, die zum regelmäßigen Geschäftsbetriebe gehören, durch Pflichtarbeiter ausführen läßt. Hier wird keine zusätzliche Arbeit mehr geleistet; dieser Arbeitsplatz müßte vielmehr im Wege des Arbeitsvertrages besetzt werden, wenn er nicht durch einen Pflichtarbeiter ausgefüllt würde. Ein Vorgehen dieser Art soll durch die neue Vorschrift verhindert werden."

Vgl. auch Handbuch S. 375 (§ 14 der VO.) und 61 (Art. 7 der AusfVorschr. v. 2. Mai 1925).

III.

(1) Diese Vorschriften treten mit dem 31. Januar 1927 in Kraft[1]).

(2) Für die Unterstützungsfälle, die an diesem Tage laufen, treten die Vorschriften unter I mit dem 28. Februar 1927 in Kraft[1]).

[1]) Damit treten alle anderen Richtlinien über die Bedürftigkeitsprüfung außer Kraft.

Berlin, den 22. Januar 1927.

Der Reichsarbeitsminister.
Dr. Brauns.

Der Reichsarbeitsminister.
IV. Nr. 505/27.

Berlin, den 20. Jan. 1927.

An die obersten Landesbehörden
für Erwerbslosenfürsorge.

Betrifft: Höchstdauer in der Erwerbslosenfürsorge.

Ich verlängere die Geltungsdauer meines Schreibens vom 30. März 1926 — IV 5000/26 — (Reichsarbeitsbl. S. 102), meines Schreibens vom 9. Juni 1926 — IV 7510/26 — (Reichsarbeitsbl. S. 197) und meines Schreibens vom 9. Oktober 1926 — IV 12338/26 — Reichsarbeitsblatt S. 343) bis zum 31. März 1927.

Da sich der Arbeitsmarkt seit Dezember v. J. wieder erheblich verschlechtert hat und nach § 1 Absatz 1 des Gesetzes über eine Krisenfürsorge für Erwerbslose vom 19. November 1926 (RGBl. I S. 489) Krisenfürsorge nur solchen Erwerbslosen gewährt wird, die 52 Wochen hindurch Erwerbslosenunterstützung bezogen haben, erachte ich es für notwendig, daß die Vorsitzenden der öffentlichen Arbeitsnachweise von der Möglichkeit des § 18 Abs. 3 der Verordnung über Erwerbslosenfürsorge wohlwollend und im weiten Umfang Gebrauch machen.

J. V.: Dr. Geib.

[1]) Vgl. Handbuch S. 388 Anm. 5 und Vorbemerkung zum Krisenfürsorgegesetz, hier S. 6.

[2]) Vgl. hier S. 13 Anm. 6.

Sachverzeichnis.

Die Zahlen hinter den Worten bedeuten die Seitenzahlen.
Abkürzungen: A. = Anmerkung; AN. = Arbeitsnachweis;
EF. = Erwerbslosenfürsorge; KrF. = Krisenfürsorge.

A.

Z.

Bemerkung zu S. 48 Buchst. b und 50 Abs. 2: Die Reichsversicherungsanstalt für Angestellte hat inzwischen ausführliche Merkblätter herausgegeben, auf die verwiesen wird.

Gedruckt bei A. W. Hayn's Erben, Potsdam.

FSC
www.fsc.org
MIX
Papier | Fördert
gute Waldnutzung
FSC® C083411

Kolibri 360 GmbH
Ferdinand-Jühlke-Straße 7
99095 Erfurt, Deutschland
produktsicherheit@kolibri360.de